Heering/Heering/Müller/Bode

Pflegevisite und Partizipation

Weitere Titel in der Reihe Pflegeforschung

Siegfried Borker
Essenreichen in der Pflege
Eine empirische Studie
Ullstein Mosby, Berlin/Wiesbaden 1996
ISBN 3-86126-551-6

Astrid Elsberd und Ansgar Glane
Ich bin doch nicht aus Holz
Wie Patienten verletzende und schädigende Pflege erleben
Ullstein Mosby, Berlin/Wiesbaden 1996
ISBN 3-86126-563-X

Geri LoBiondo-Wood und Judith Haber
Pflegeforschung
Ullstein Mosby, Berlin/Wiesbaden 1996
ISBN 3-86126-527-3

Wilfried Schnepp (Hrsg.)
Pflegeforschung in der Psychiatrie
Ullstein Mosby, Berlin/Wiesbaden 1997
ISBN 3-86126-590-7

Mike Walsh und Pauline Ford
Pflegerituale
Ullstein Mosby, Berlin/Wiesbaden 1996
ISBN 3-86126-546-X

Heering/Heering/Müller/Bode

Pflegevisite und Partizipation

Mit einem Geleitwort
von Dr. Hildegard Holenstein

**ULLSTEIN
MOSBY**

Christian Heering
Pflegeexperte (HöFa 2), Lehrer für Krankenpflege (SRK),
Herznach, Schweiz

Kristina Heering
exam. Krankenschwester HöFa 1 (SRK)
Fähigkeitsausweis Intensivpflege und Reanimation (FAIP), dipl. Stationsleiterin,
Herznach, Schweiz

Barbara Müller
dipl. Krankenschwester, dipl. HöFa 1,
Baden, Schweiz

Karen Bode
exam. Krankenschwester, dipl. HöFa 1,
Schönenwerd, Schweiz

Die Deutsche Bibliothek - CIP-Einheitsaufnahme
Pflegevisite und Partizipation / Heering ... Mit einem Geleitw. von Hildegard
Hollenstein. - Berlin ; Wiesbaden : Ullstein Mosby, 1997
ISBN 3-86126-578-8

© Ullstein Mosby GmbH & Co. KG, Berlin/Wiesbaden, 1997

Lektorat: Jürgen Georg
Herstellung: Annette Meeser
Titelillustration: Paul D. Turnbaugh, Modular Nursing: Partners in Professional
Practice, 1990. In: Donahue, M.P.: Nursing the finest Art. Mosby, St. Louis, 1996
Satz: SATZFABRIK 1035, Berlin
Druck und buchbinderische Verarbeitung: Paderborner Druck Centrum

Printed in Germany

ISBN 3-86126-578-8

Geleitwort

von Dr. Hildegard Holenstein, Krankenschwester,
Pflegewissenschaftlerin

Im heutigen Kontext der Entwicklung im Gesundheitswesen wird die Selbstverantwortung für die eigene Gesundheit, die aktive Beteiligung an der Erhaltung, der Förderung beziehungsweise der Wiedererlangung der Gesundheit viel diskutiert. Die Mitsprache der Patienten und deren Angehörigen wird in modernen Krankenhaus- und Pflegedienstleitbildern zur Selbstverständlichkeit deklariert. Es wird von sogenannten „mündigen" Patienten gesprochen, die über Informationen und Kenntnisse verfügen, die sie befähigen – wo nötig und erwünscht mit Hilfe von sach- und fachkundiger Beratung professioneller Helfer – selbständig zu entscheiden und selber zu beurteilen, welche möglichen Behandlungsformen, mit welchen Vor- und Nachteilen und mit welchem Pflegebedarf sie für sich in Anspruch nehmen wollen, sollen oder können.

Kundenorientierung ist in den Krankenhäusern zum Schlagwort geworden. Diese Diskussion wird angeheizt durch Forderungen eines angepaßten und effizienten Qualitätsmanagements und dem steigenden Interesse nach Zertifizierung.

Wie sieht aber diese Kundenorientierung im konkreten Alltag tatsächlich aus? Inwieweit orientieren sich die zuständigen Stellen der Krankenhäuser an den Bedürfnissen ihrer Kunden? Oder erwarten sie doch eher, daß sich die Kunden am Angebot der Krankenhäuser orientieren und daß sie dieses dankbar annehmen? Die seit Jahren auch im deutschsprachigen Raum zunehmend in Frage gestellte Bezeichnung „Patient", die in ihrer Begrifflichkeit doch sehr auf „abhängig sein", auf „Hilfe und Rat suchen" und auf „sich den Fachfrauen und Fachmännern überlassen", welche „sicher nur das Beste wollen, es schon wissen und richtig tun werden" ausgerichtet ist, hat bis jetzt nur vereinzelt zu Umstrukturierungen und zu neuen Pflege- und Behandlungskonzepten geführt. Begriffe, wie „Klienten", „Kunden" oder gar „Gäste" lassen sich nur bedingt und sehr langsam einführen.

Beim Einbezug der Patienten und deren Angehörigen in die Planung, Durchführung und Auswertung angepaßter und wirksamer Pflegemaßnahmen muß sorgfältig bedacht werden, was solche Prozesse für die direkt Betroffenen auszulösen vermögen. Auch wenn die Partizipation der Betroffenen von professionellen Helfern vorangetrieben wird, bleibt die Frage offen, ob sie auch von den Kunden, d.h. von den kranken Mitmenschen und ihren Angehörigen so gewünscht und gefordert ist. Wollen diese tatsächlich in allen Phasen ihres Krankseins an Entscheidungsprozessen hinsichtlich ihrer Behandlung und Pflege mitbeteiligt sein und in jedem Falle mitentscheiden? Haben sie im entscheidenden

Moment auch wirklich das erforderliche Wissen, die ausreichende Kraft und die persönliche Distanz, welche dafür notwendig ist?

In diesem Spannungsfeld von großer Abhängigkeit und weitgehender Mitbestimmung kann die Pflegevisite einen wertvollen und gangbaren Weg aufzeigen und einen wichtigen Beitrag zu einem differenzierten Verständnis von Partizipation in der Pflege leisten. Pflegende besprechen in Anwesenheit der direkt Betroffenen und unter deren Einbezug geplante und ausgeführte Pflegeleistungen. Dadurch werden sowohl Empfänger der Pflege wie auch deren Angehörige direkt informiert und erhalten somit Einsicht in den Pflegeprozeß, lernen diesen zu verstehen und können selber entscheiden wann sie wie und in welchem Ausmaß darauf Einfluß nehmen können und wollen.

Gerade weil heute noch wenig Erfahrungswerte über die Auswirkungen solcher Partizipation vorliegen, muß sie sehr sorgfältig eingeführt und systematisch ausgewertet werden. Pflegeforschung hat in diesem Kontext einen besonderen Auftrag zu erfüllen. Sie soll die verschiedenen Ebenen und Grade von Partizipation näher beleuchten, Rahmenbedingungen klären und anhand konkreter Beispiele Partizipation systematisch untersuchen und erklären und somit Partizipation verstehbarer, handhabbarer und faßbarer machen. Dieses Buch leistet dazu in der deutschsprachigen Pflegefachliteratur einen interessanten Beitrag.

Bern, 20. September 1996 Dr. Hildegard Holenstein

Vorwort

Das Berufsfeld der Pflege ist zur Zeit einer massiven Wandlung unterworfen. Während wir uns zur Zeit unserer eigenen Grundausbildung in Pflege noch stark an einem medizinisch-naturwissenschaftlichen Modell orientierten, das den Pflegebedarf von Individuen in direkter Abhängigkeit von ihrer medizischen Diagnose definierte, setzt sich jetzt eine Auffassung durch, bei der die tatsächlichen Bedürfnisse des Pflegeempfängers und sein individuelles Krankheitserleben zum formalen Objekt der Pflege erhoben werden. Hieraus erwächst ein Spannungsfeld zwischen altem und neuem Pflegeverständnis, in dem sich der Bedarf nach einer Reflexion der bisherigen Pflegepraxis ebenso stellt wie nach der Entwicklung neuer Instrumente, die den veränderten und wachsenden Anforderungen gerecht werden.

Eines dieser Instrumente betrifft die Orientierung der Pflegenden am „Patienten", und zwar weg vom medizinischen Krankheitsbild, hin zu den PflegeempfängerInnen, die hinsichtlich ihrer Wahrnehmungen, ihrer individuellen Zuordnung von Bedeutungen, ihrer Unabhängigkeit und ihrer Eigenverantwortlichkeit als autonome Personen wahrgenommen werden sollen. Für deren Erfassung stehen aber noch wenig theoretische Grundlagen zur Verfügung.

Die Idee, PatientInnen im Doppelsinne „entscheidend" am Pflegeprozeß zu beteiligen, erfreut sich unter vielen Pflegenden wachsenden Interesses. Während vor allem in der englischen und amerikanischen Literatur bereits eine wachsende Zahl von Untersuchungen und Aufsätzen hierzu publiziert wurde[1], wächst auch unter Pflegenden im deutschsprachigen Raum die Bereitschaft zur Auseinandersetzung mit dem Thema. Pflegeorganisationssysteme wie z.B. das Primary Nursing[2] oder die Pflegevisite[3] stoßen auf vermehrtes Interesse, Pflegeleitbilder schreiben den Einbezug der SpitalpatientInnen in den Pflegeprozeß vor[4], gesetzliche Normen nehmen Pflegende in die gleiche Verantwortung[5]. Allerdings hat der Begriff der Partizipation noch keinen Eingang in die deutsche Pflegefachsprache gefunden.

Unserem Pflegeverständnis liegt ein Menschenbild zugrunde, in dem wir jeden Menschen als ein einzigartiges Individuum betrachten. Diese Einzigartigkeit

---

[1]   vgl. stellvertretend hierfür Brearley (1990)
[2]   nach Manthey (1992) und früher
[3]   Heering/Heering (1994)
[4]   vgl. beispielhaft unter vielen anderen das Pflegeleitbild des Kantonsspitals Aarau unter 2.2.4.
[5]   vgl. Patientendekret des Kt. Aargau, §§ 11.4; 15.1; 23.2

bringt mit sich, daß alle Wahrnehmungen, über die der Mensch seine Umwelt erfährt, auch nur von diesem Menschen selbst interpretiert und in ihrer Bedeutung für diesen Menschen auch nur von diesem und keinem anderen eingeschätzt werden können. Durch den Austausch, also das „darüber reden" mit anderen Menschen, kommt es zwar zu einer Annäherung von Standpunkten, niemals aber kann durch das Mittel der Kommunikation eine Person das erleben oder empfinden, was die andere ihr auf irgendeine Art und Weise mitteilt. Viele Pflegende sehen sich in dieser Situation gezwungen, Vergleiche mit ihrer eigenen Erlebnis- und Bedeutungswelt aufzustellen, um die PatientInnen zu verstehen. Für viele Pflegende hängt es noch heute vom Grad der Übereinstimmung ab, ob und wieweit sie ihre PatientInnen ernst nehmen. Es leuchtet ein, daß diese Grundeinstellung des Verstehens des anderen Menschen aufgrund des Vergleichens von Erfahrungs- und Bedeutungswelten gerade für die Beziehung von Pflegenden zu Gepflegten äußerst problematisch erscheint, da deren beider Welten per se grundverschieden sind.

Das Selbstbestimmungsrecht von PatientInnen und ihr Einbezug in pflegerelevante Entscheidungen beschäftigen uns schon lange. Als Pflegende haben wir eine große Anzahl von Situationen erlebt, in denen PatientInnen im Akutpflegebereich in die sie betreffenden und für sie unter Umständen lebensverändernden Entscheidungen nicht miteinbezogen oder in denen sie mit ihren Bedürfnissen zu wenig ernst genommen wurden. Dies machte uns immer wieder betroffen. Dies bezieht sich nicht nur auf die Arzt-Patient-Beziehung[6], sondern auch auf die zwischen Pflegenden und ihren PatientInnen[7]. Gespräche mit unseren Kolleginnen und Kollegen zeigten uns, daß viele von ihnen ähnlich empfinden.

Dabei bemerkten wir jeweils nicht nur eine emotionale, sondern auch eine intellektuelle Betroffenheit, weil uns (wie auch den KollegInnen) der Widerspruch zwischen der Wirklichkeit und den rechtlichen, ethischen und sozialpolitischen Absichtserklärungen nur zu bewußt ist, Lösungsmöglichkeiten aber kaum je thematisiert werden.

Auf der Suche nach geeigneten Methoden und Organisationsformen entwickelten wir gemeinsam das Partizipationsinstrument „Pflegevisite", das seit 1991 auf verschiedenen Akutpflegeabteilungen mit großem Erfolg eingesetzt wird. In dem vorliegenden Buch stellen wir unser Instrument vor und berichten in Zusammenarbeit mit zwei Kolleginnen über unsere Studien, die in der Zwischenzeit durchgeführt wurden.

Christian Heering
Kristina Heering

Herznach (Schweiz), 1996

---

[6] vgl. u.v.a. Eisner/Hufschmid 1994; „Patienten fassen sich kurz", TA/rvb 1994
[7] vgl. u.v.a. „Discharged Patients left with questions" AJN 10/1992; MacLeod Clark/Latter 1990

Inhalt

Einführung

Begriffsdefinitionen:

Es ist uns ein wichtiges Anliegen, die Begriffe, mit denen wir im vorliegenden Buch arbeiten, eindeutig zu definieren. Nicht selten entstehen Mißverständnisse, weil Begriffe unterschiedlich belegt, erklärt oder verstanden werden. Bei unseren Ausführungen werden für die verwendeten Begriffe folgende Definitionen zugrundegelegt:

Begriff	Definition
Autonomie	bezeichnet die rechtliche und ethische Unabhängigkeit von Menschen hinsichtlich ihrer Wahrnehmungen, Entscheidungen und Verantwortlichkeit im Rahmen der aufgenommenen pflegetherapeutischen Beziehung.
Klient/Klientin	ist ein/e informierte/r, autonome/r Empfänger/in professioneller Pflege. Der Begriff leitet sich ab von lat.: clinare: sich anlehnen bzw. cliens: jemand, der Anlehnung gefunden hat.
PatientIn	abgeleitet von patir (lat.): erdulden, leiden. Der Begriff verdeutlicht das hierarchische Abhängigkeitsverhältnis zwischen Behandelten und Behandelnden. Der Begriff eignet sich daher nicht für die Bezeichnung von PflegeempfängerInnen.
Pflege	Pflege befaßt sich mit den Reaktionen von Menschen auf ihren Gesundheitszustand. Pflege bietet dabei ein Angebot von 5 Funktionen, die pflegerische Bedürfnisse befriedigen:
	1. Unterstützung in und stellvertretende Übernahme von Aktivitäten des täglichen Lebens
	2. Begleitung in Krisensituationen und während des Sterbens
	3. Mitwirkung an präventiven, diagnostischen und therapeutischen Maßnahmen
	4. Mitwirkung an Aktionen zur Verhütung von Krankheiten und Unfällen einerseits sowie zur Erhaltung und Förderung der Gesundheit andererseits; Beteiligung an Wiedereingliederungsprogrammen.
	5. Mitwirkung bei der Verbesserung der Qualität und Wirksamkeit der Pflege und bei der Entwicklung des Berufes; Mitarbeit an Forschungsprojekten im Gesundheitswesen.[1]
Pflegeanamnese	ist das Ergebnis der pflegerischen Datensammlung. Sie beinhaltet Informationen über die Klientin zu deren bisherigen Reaktionen auf einen veränderten Gesundheitszustand.

---

[1] Schweizerisches Rotes Kreuz (1991)

Pflegediagnose	ist ein Teilschritt im Pflegeprozeß. Mit Hilfe der Pflegediagnose werden die Reaktionen auf einen veränderten Gesundheitszustand der Klientin mit einem pflegerischen Sammelbegriff bezeichnet.
Pflegeergebnis	ist das von der Klientin erreichte Verhalten bzw. der erreichte Zustand zum Zeitpunkt der Überprüfung der Pflege. Im Idealfall ist es mit dem Pflegeziel identisch.
Pflegeleistungen	sind alle von Pflegenden im Rahmen des Pflegeprozesses erbrachten pflegerischen Arbeitsleistungen.
Pflegestatus	ist das Ergebnis einer Datensammlung zum aktuellen Zustand der Klientin im Verlauf des Pflegeprozesses.
pflegetherapeutische Beziehung	bezeichnet die professionelle Beziehung zwischen Pflegenden und deren KlientInnen im Rahmen des Pflegeprozesses und vor dem Hintergrund einer entsprechenden Pflegetheorie.
Pflegevisite	ist ein regelmäßiger Besuch bei und ein Gespräch mit dem/der Klientin über ihren Pflegeprozeß.

Hinweise zur verwendeten Terminologie:

Die Verwendung weiblicher und männlicher Sprachbegriffe in dieser Arbeit orientiert sich vor allem an der Verständlichkeit und sprachlichen Ästhetik des geschriebenen Wortes und sollte nicht als Mangel an Wertschätzung dem jeweils anderen Geschlecht gegenüber mißverstanden werden. Grundsätzlich sind immer beide Geschlechter gemeint, wenn dies im Text nicht ausdrücklich anders dargestellt ist.

Der Begriff „Patient" beziehungsweise „Patientin" ist etymologisch mit Konnotationen wie „geduldig aushaltend, leidend, unmündig" unterlegt und entspricht daher nicht dem in dieser Arbeit vertretenen Verständnis von beteiligten, aktiven PflegeempfängerInnen. Der Begriff „Klient" beziehungsweise „Klientin" würde diesem Verständnis besser entsprechen. In der derzeitigen Pflegesprache ist dieser Begriff aber noch nicht hinreichend eingeführt. In dieser Arbeit werden deshalb mit Rücksicht auf die wahrgenommene Realität und den Kontext des geschriebenen Wortes zwar beide Begriffe nebeneinander, aber nicht synonym verwendet.

Drei Thesen zum Pflegeverständnis

Während unserer beruflichen Tätigkeit als Pflegende, als Stationsleitung beziehungsweise als Lehrer machten wir eine ganze Reihe von Beobachtungen, die nach Verbesserungen riefen. Dies war der eigentliche Anlaß für uns, das Instrument der Pflegevisite zu entwickeln. Wir haben die wichtigsten Beobachtungen in der Form der folgenden drei Thesen zusammengefaßt:

1. These: Der Pflegeberuf ist als eigenständiger Beruf mit einem eigenen Wissensgebiet und spezifischen Aufgaben und Rollen bis jetzt weder erkennbar noch anerkannt.

Dies zeigt sich beispielsweise an der *Organisation:* Üblicherweise ist der Pflegedienst dem ärztlichen Dienst untergeordnet, Pflegende sind Weisungsempfänger der Ärzte. Das bedeutet, daß Pflegende bei Entscheidungsprozessen sowohl hinsichtlich interdisziplinärer als auch hinsichtlich rein pflegerischer Fragen ärztliche Anordnungen einholen müssen. Trotz einer eigenen pflegefachlichen Berufsausbildung, trotz eines prinzipiell zur Kontrolle fähigen Berufsverbandes und trotz einer geregelten Berufsausübung ist Pflege als Beruf noch nicht autonom. Pflegerische Fragestellungen oder Probleme orientieren sich demzufolge meist an medizinischen Diagnosen (z.B. Pflege eines Patienten mit Herzinfarkt, Pflege eines Patienten mit Magenulkus u.a.), anstatt auf die pflegerisch relevanten Fragen einzugehen (z.B. welche Gesundheitsberatung braucht der Patient in der momentanen Lebenssituation, in welchen Adaptions- oder Kompensationsstrategien müssen Pflegende den Patienten unterrichten u. dgl.). Das führt dazu, daß Pflegende für jedwelche Intervention grundsätzlich den Arztdienst um Erlaubnis bitten müssen, z.B. ob ein Diabetiker, bei dem ein Wissensmangel über den Umgang mit dem Pen-Injektor festgestellt wurde, für eine Schulung angemeldet werden darf. Viele Berufsangehörige betrachten sich folgerichtig als dem ärztlichen Dienst untergeordnet, ohne sich selbst eigene relevante Entscheidungs- oder Handlungskompetenz zuzugestehen, zugleich aber auch, ohne die pflegerisch relevanten Aufgaben angepaßt wahrnehmen und ausüben zu können. Hierdurch entstehen Defizite in der Qualität und der Vielfalt des pflegerischen Leistungsangebotes mit negativen Folgen für die erfolgreiche Re-Integration, Rehabilitation bzw. für eine menschenwürdige Sterbebegleitung der KlientInnen und PatientInnen.

„Pflegemodell": Die Ausübung der Pflege wird von einem medizinisch-naturwissenschaftlichen Modell dominiert statt von einem pflegewissenschaftlichen Modell. Der Vergleich der beiden Darstellungen des pflegetheoretischen Unterbaus in Abbildung 1 (medizinisch-naturwissenschaftlich orientierter Pflegeprozeß) und 2 (an Pflegebedürfnissen ausgerichteter, patientenorientierter Pflegeprozeß) zeigt deutlich die Unterschiede in den gedanklichen Zugangswegen und auch in den oben dargestellten Beispielen. Auch wenn dies eine logische Folge der Gewichtung innerhalb der meisten Pflegeschul-Curricula darstellt, die den pathophysiologischen Fächern ein deutlich höheres Stundenbudget einräumen als den pflegerischen, bedarf diese für die Pflege ungeeignete Grundannahme dringend einer Revision. In Abbildung 3 ist beispielhaft dargestellt, wie ein solch revidierter Pflegeprozeß aussehen könnte.

Abbildung 1:

Der Pflegeprozeß in einem medizinisch-naturwissenschaftlichem Modell*

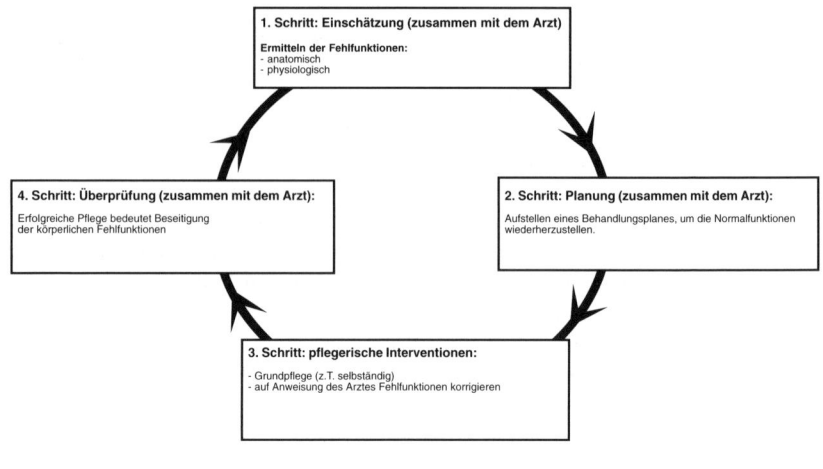

* nach: Aggleton / Chalmers 1989, p 7

Abbildung 2:

Der Pflegeprozeß in einem Bedürfnismodell, hier nach Roper et al.*

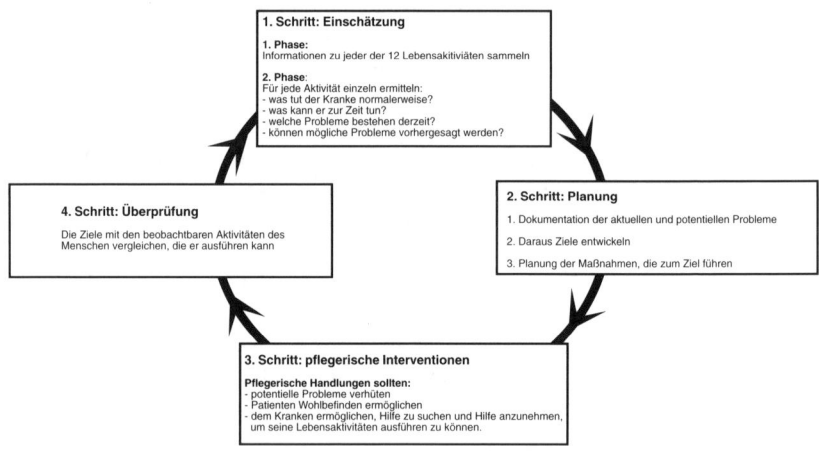

* in: Aggleton / Chalmers 1989, p 12

Abbildung 3:

Der Pflegeprozeß als theoretischer Rahmen für die Pflegevisite

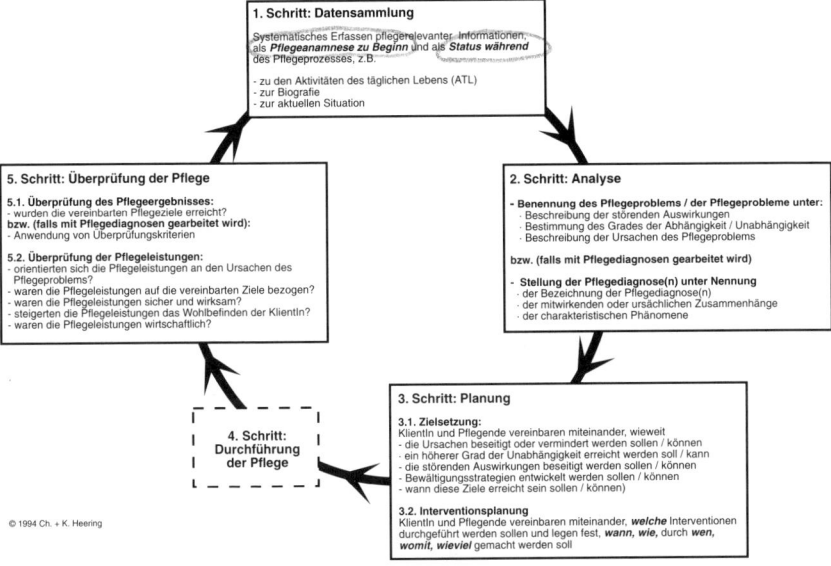

© 1994 Ch. + K. Heering

(Die Wirklichkeit ist natürlich viel komplexer, als sich dies in der Zeichnung darstellen läßt. Der in der Grafik dargestellte chronologisch-lineare Verlauf der einzelnen Schritte sollte deshalb nur als grobe Orientierung dienen. Die tatsächlich bestehenden Vernetzungen und Abfolgen sind wesentlich komplexer und weniger linear als hier darstellbar.)

2. These: Pflegende setzen die beruflich erforderlichen Instrumente zuwenig oder zuwenig gezielt ein.

Eines dieser Instrumente ist der *Pflegeprozeß in Verbindung mit der Pflegedokumentation*: Die systematische Erhebung einer pflegerischen Anamnese, Stellung einer von allen Pflegenden gleich verstandenen Pflegediagnose und deren schriftliche Dokumentation in einem grafisch sinnvoll und ansprechend gestalteten Pflegedokumentationsblatt ist weder in den üblichen „Kardex" noch im Arbeitszeitplan in hinreichendem Maß vorgesehen. Stattdessen nimmt der mit der medizinischen Datendokumentation befaßte Teil der üblichen „Pflegedokumentationen" etwa fünf Sechstel des verfügbaren Platzes ein. Das führt dazu, daß die Fragen und Probleme, die unsere Patienten wirklich beschäftigen, kaum je erfaßt werden. Wir reden während unserer Dienstübergaben und Arztvisiten zwar viel **über** die Patienten, aber wir reden zu wenig **mit** ihnen. Wir **wissen** viel über sie, über ihre Krankheit, über die modernsten Untersuchungsmethoden oder die raffiniertesten Operationstechniken, aber unsere Patienten **kennen** wir doch viel zu wenig. So schreiben wir in unsere Pflegeberichte, daß Frau Meyer heute ein EKG und einen „Thorax" hatte, daß der Anästhesist da war und die Prämedikation verordnet hat für den „Schnellschnitt". Was aber in Frau Meyer vorgeht, welche Ängste sie beschäftigen angesichts der bevorstehenden Narkose, oder angesichts des Gedankens, eine Brust zu verlieren, all das wird in einem Pflegebericht kaum je vermerkt, geschweige denn, daß sich eine entsprechende Pflegeplanung dazu findet. Allgemein hat die Ausführung schriftlicher Arbeiten einen geringen Stellenwert, nicht selten wird der Pflegebericht dann geschrieben, wenn man noch „Zeit übrig" hat, oder es wird am Ende der Schicht „noch schnell dokumentiert" und dafür gar Überzeit aufgewendet.

Ein weiteres Instrument ist die *Planung und Organisation der Pflegearbeit* auf der Station: Obwohl Pflegende von allen Diensten die meiste Zeit am Patienten und mit diesem verbringen, geschieht die Planung der Pflegearbeit sehr häufig fern im Stationszimmer statt mit dem Patienten zusammen. Dies führt dazu, daß die PatientInnen über ihre Pflegeziele, Interventionen und deren Ablauf ungenügend oder gar nicht informiert sind, geschweige denn, daß sie an diesen mitgearbeitet und Einfluß darauf genommen hätten. Dienstübergaben, Rapporte und Fallbesprechungen finden im Stationsbüro anstatt im Krankenzimmer, der, um den es dabei geht, ist nicht aber dabei: Unser Patient. Schon während der Übergabe oder danach teilen wir uns unsere Arbeit ein: wer geht wohin, wer macht noch schnell dieses. Doch meistens teilen wir die Arbeit so ein, daß wir zunächst die ärztlichen Verordnungen erledigen und die eigentliche Pflegearbeit gewissermaßen nebenbei erledigen. Um kostbare Zeit zu sparen, suchen und finden wir möglichst schematisierte Abläufe, zum Beispiel bei allen Patienten „Fieber messen – pulsen – waschen und aufstehen – Frühstück bringen – abräumen – Betten machen" – schließlich muß man ja „fertig" sein, bevor die Arztvisite beginnt. Und weil es so schön funktionell ist, wird eben „die ganze Station durchgebettet", oder alle Patienten mit Inhalierverordnung erhalten zur gleichen Zeit ihr Inhaliergerät. Nicht selten wird die aktivierende Pflege dabei in den Hintergrund gestellt, denn passiv pflegen „geht schneller". Es geschieht eher selten, daß man auf einer ganzen Station davon abkommt, alle Patienten „bis um zehn" gewaschen haben zu wollen und man dazu übergeht, die Patienten nach ihren Bedürfnissen zu fragen: Ob sie vielleicht länger schlafen möchten als bis um fünf oder sechs Uhr, ob sie später frühstücken möchten, ob sie sich vielleicht erst am Abend waschen oder duschen möchten. Auch die *systematische Überprüfung,* ob die gesetzten Pflegeziele erreicht wurden, findet kaum je statt. Pflege beginnt automatisch, wenn der Patient aufgenommen wird, und endet automatisch, wenn er nach Hause geht. So berauben wir uns und unsere Patienten der Chance, sichtbar zu machen, was wir tun, warum wir etwas tun und mit welchen Erfolgen wir es tun!

3. These: Die Pflegeverständnisse der Pflegenden einer Abteilung weichen zum Teil stark voneinander ab.

Nach Jeannot (1988) lassen sich dabei zwei Kategorien von Pflegenden unterscheiden: Zum einen Pflegende mit einem *funktionellen Pflegeverständnis*. Ihnen ist wichtig, daß die anstehenden Verrichtungen erledigt werden (Verbände, Injektions- und Infusionsprogramme, Einreibungen, Untersuchungsvorbereitungen etc.). Diese Verrichtungen werden auf spezialisierte Einzelpersonen verteilt (Waschende, Spritzende, Medikamentverteilende etc.). Dies bietet den vermeintlichen Vorteil, daß Aufgaben, die auf den ersten Blick wenig komplex erscheinen, wie zum Beispiel eine Ganzkörperwaschung, von Hilfskräften, Zivildienstleistenden oder SchülerInnen „verrichtet" werden können. Die Art und Weise der Verrichtungen leitet sich dabei vor allem aus dem Krankheitsbild der PatientInnen ab, es entsteht Diskontinuität und Fragmentierung. Dabei bleibt aber der Umstand unberücksichtigt, daß gerade diejenigen PatientInnen, die eine Ganzkörperwäsche wirklich benötigen, so schwer in ihren Lebensaktivitäten beeinträchtigt sind, daß sie eigentlich von einer erfahrenen und qualifizierten Pflegekraft gepflegt werden müßten. Jedem einzelnen Patienten begegnen im Laufe eines Tages somit eine große Anzahl von Pflegepersonen, von denen jede jeweils mit einem Fragment des Pflegeprozesses beauftragt und vertraut ist. Die PatientInnen haben so das Gefühl, schon das ganze Krankenhauspersonal mindestens einmal gesehen zu haben, immer mit dem gleichen Eindruck: „Die sind so im Streß, da hat keiner Zeit, da sag' ich lieber nix." Die Entstehung einer pflegetherapeutischen Beziehung bleibt so dem Zufall überlassen.

Zum anderen Pflegende mit einem *individuell-ganzheitlichen Pflegeverständnis*: Ihnen ist es wichtig, ihren PatientInnen jeweils Bezugsperson zu sein. Dazu gehört die Durchführung der erforderlichen Verrichtungen ebenso wie die Unterstützung bei der Bewältigung ihres veränderten Gesundheitszustandes. Die PatientInnen werden in ihre Pflege miteinbezogen und als Partner respektiert. Dem einzelnen Patienten begegnet somit im Laufe des Tages nur eine erheblich kleinere Anzahl von Pflegepersonen mit funktionellen Aufgaben, wobei die Bezugspflegende einen Überblick über die gesamte Pflegesituation hat und dabei das Entstehen und die Fortdauer einer pflegetherapeutischen Beziehung gezielt fördert.

Fazit

Im Erfolg führten uns diese drei Thesen zu der höchst unbefriedigenden Feststellung, daß
(1) die PatientInnen in die wichtigen Entscheidungen ihrer Pflege nicht miteinbezogen werden, wenn beispielsweise die Planung der Pflege im Rahmen eines Gruppengespräches im Dienstzimmer der Station statt im Krankenzimmer abge-

halten wird und die PatientInnen somit keinerlei Gelegenheit zur Stellungnahme, geschweige denn zur Mitbestimmung erhalten, sowie
(2) die PatientInnen über die geplanten Pflegeinterventionen und deren Verlauf zuwenig oder zuwenig gezielt informiert werden (von der meist mangelnden Information über medizinische Diagnostik und Therapie soll hier gar nicht erst gesprochen werden). Viel eher gelingt es den PatientInnen, sich durch energiezehrende Adaption an krankenhauskonforme Verhaltensmuster in ihr Ausgeliefertsein zu schicken („die Schwester/der Herr Doktor wird's schon wissen").

Die Pflegevisite

Es lag für uns also nahe, nach einem Instrument zu suchen, das nicht nur den Informationsfluß zwischen Patient und Pflegenden, sondern auch der Pflegenden untereinander entscheidend verbessert und das zugleich sicherstellt, daß die PatientInnen an den wichtigen Entscheidungen innerhalb des Pflegeprozesses beteiligt werden. Wir haben dieses Instrument „Pflegevisite" genannt, und wie folgt definiert:

> Die **Pflegevisite** ist ein regelmäßiger Besuch bei und ein Gespräch mit der KlientIn/dem Klienten über ihren/seinen Pflegeprozeß. Die Pflegevisite dient der *gemeinsamen*
> • Benennung der Pflegeprobleme und Ressourcen bzw. der Pflegediagnose
> • Vereinbarung der Pflegeziele
> • Vereinbarung der Pflegeinterventionen
> • Überprüfung der Pflege.

Die Einführung der Pflegevisite nach dieser Definition auf einer Pflegestation erfordert zwar hinsichtlich der zuvor diskutierten Thesen und der vorhandenen Rollenbilder von Pflegenden ein radikales Umdenken, sie verspricht aber auch, Pflege systematischer, effizienter, autonomer, sichtbarer und vor allem patientenzentriert zu machen sowie auch, wesentliche Voraussetzungen für eine zunehmende Professionalisierung zu bieten.

Vielleicht ist eine Einführung einer Pflegevisite oder eines ähnlichen Instrumentes so nicht überall möglich. Sehr wahrscheinlich sogar werden Anpassungen gemacht werden müssen, um die spezifischen Anforderungen und Bedingungen der jeweiligen Station angemessen zu berücksichtigen. Keinesfalls sollte aber die Pflegevisite im Schnellverfahren eingeführt werden, etwa anhand eines Standard-Rezeptes aus dem Kochbuch der Pflege. So etwas will gut überlegt sein und braucht etwas Zeit. Für ein Projekt „Pflegevisite" sollte ein gutes Jahr Prozeßdauer einkalkuliert werden. Wichtig ist dabei vor allem, den Beteiligten eine intensive persönliche Auseinandersetzung mit dem Grundgedanken der Pflegevisite zu ermöglichen.

Dieser Grundgedanke der Pflegevisite basiert auf einem Menschenbild, das den oder die PflegeempfängerIn als eine denkende, fühlende und wollende Persönlichkeit mit eigener Verantwortungsfähigkeit respektiert – mit anderen Worten als „Klient". In gewissem Sinne kann die Pflegevisite deshalb auch als eine klientenzentrierte und nicht-direktive Beratungssituation verstanden werden, innerhalb derer der Klient/die Klientin dazu ermuntert wird, sein/ihr Erleben der Situation darzustellen und gemeinsam mit der Pflegeperson sowie dem von ihr zur Verfügung gestellten Fachwissen nach einer Lösung oder nach einem Lösungsweg zu suchen. C. Rogers[2] stellt in seiner grundlegenden Hypothese zur nicht-direktiven Beratung fest: *„Wirksame Beratung besteht aus einer eindeutig strukturierten, gewährenden Beziehung, die es dem Klienten ermöglicht, zu einem Verständnis seiner selbst in einem Ausmaß zu gelangen, das ihn befähigt, aufgrund dieser neuen Orientierung positive Schritte zu unternehmen. "*

Seitens der Pflegepersonen ist dabei, und das erscheint uns wichtig zu betonen, eine bestimmte Haltung oder Einstellung nötig, um den KlientInnen wirklich eine *„gewährende Beziehung"* anbieten zu können. Diese Haltung wird bei C. Rogers[3] charakterisiert durch (1) empfindsames, einfühlendes verstehen wollen, (2) die respektvolle Annahme, daß der/die KlientIn die *„hinlängliche Fähigkeit hat, konstruktiv mit all jenen Aspekten seines Lebens fertig zu werden, die ihm zu Bewußtsein gelangen"* und (3) Echtheit und Kongruenz der Beratungsperson. Die bis jetzt vorherrschende Gehorsamkeitsbeziehung und das Autoritätsgefälle zwischen PatientInnen und Pflegenden muß einer partnerschaftlichen Beziehung weichen. Vielmehr muß der gesamte Pflegeprozeß mit dem oder der PflegeempfängerIn *gemeinsam* abgesprochen werden, das heißt: Wir Pflegenden müssen erstens unseren PatientInnen das Ergebnis unserer Pflegesituationseinschätzung (Datensammlung + Analyse) mitteilen und mit ihnen überprüfen, ob unsere Einschätzung zutrifft (validieren). Wir müssen zweitens mit ihnen gemeinsam nach Zielen und Wegen suchen, die vor allem die Bedürfnisse und Wünsche der PatientInnen berücksichtigen. Dabei kann es sein, daß wir unsere Vorstellungen darüber, was mit unserem Patienten geschehen soll, zurückstellen oder gar ganz streichen müssen. Drittens muß die Entscheidung über Ziele und Interventionen den PatientInnen in informierter Autonomie vorbehalten bleiben, uns kommt dabei die Rolle der BeraterInnen und EntscheidungshelferInnen zu. Erst dann können aus gehorsamen und geduldig ausharrenden „Patienten" aktive „Klienten" werden: Indem wir uns darum bemühen, unserem Klienten seine gesundheitlichen Probleme „zu Bewußtsein" gelangen zu lassen, geben wir ihm erst die Möglichkeit, selber damit fertig zu werden und von sich aus die Unterstützung von uns einzufordern, die er wirklich benötigt. Wir müssen uns vor Augen führen, daß unsere KlientInnen **die** Experten sind für das, was ihr Körper fühlt und was sie an Reaktionen auf einen veränderten Gesundheitszustand erleben. Gleichzeitig müssen wir akzeptieren, daß sie trotz aller Informationen und

---

[2] C. Rogers (1972), p 28
[3] C. Robers (1981), p 37

Gespräche Laien bleiben für das, was mit ihnen medizinisch oder pflegerisch geschehen soll. Das bedeutet, daß wir nicht nur Informationsträger sind, sondern daß wir die Basis aller Information sind. Hierauf wird im Rahmen der folgenden Untersuchungen noch näher eingegangen.

Unsere klinischen Erfahrungen zeigen uns deutlich, daß der Erfolg und die Wirksamkeit der Pflegevisite entscheidend davon abhängen, ob die Pflegepersonen diese Haltung oder Einstellung wirklich zu leben vermögen: die KlientInnen bemerken nämlich sehr rasch, ob die Pflegepersonen die Pflegevisite als eine (womöglich noch von oben verordnete) Methode oder Technik durchführen oder ob sie „echt" und „kongruent" sind. Wenn die Pflegenden sich aber wirklich darauf einlassen, dann ist es geradezu frappierend zu beobachten, wie schnell und wirksam die KlientInnen Verantwortung im Pflegeprozeß übernehmen und handlungsfähig werden, Phänomene übrigens, die auch C. Rogers ausführlich schildert[4]. Es ist also vor der Einführung der Pflegevisite vor allem die Arbeit mit und an den Einstellungen und Haltungen der Pflegepersonen erforderlich.

(K)ein Rezept

Obwohl wir verhindern wollen, daß die Pflegevisite „rezeptartig" weitergegeben und wie ein Deckel einfach auf einen anderen Topf gesetzt wird, wollen wir nicht verheimlichen, wie wir sie durchführen:

Beteiligte Personen: An der Pflegevisite beteiligen sich neben dem/der PflegeempfängerIn nur diejenigen Pflegenden, die als direkte Bezugspflegende (primary nurse) bzw. als direkte beigeordnete Pflegende (associated nurse) zuständig sind. Weitere Personen, wie zum Beispiel PhysiotherapeutInnen, PflegeexpertInnen oder auch Bezugspersonen der KlientInnen, nehmen an der Pflegevisite nur dann teil, wenn dies aufgrund der besonderen Situation erforderlich ist und/oder von der/dem KlientIn so gewünscht wird. Die Anwesenheit der Stationsleitung ist in der Regel nicht erforderlich und kann sogar hemmend wirken, wie wir später aufzeigen werden. Die Anwesenheit der Pflegedienstleitung ist dagegen abzulehnen, da diese weder an der direkten Pflege beteiligt noch deren Rolle und Funktion in diesem Setting definiert ist. Wir möchten hier nochmals, wie auch Kellnhauser (1995), darauf hinweisen, daß die Pflegedienstleitung eine Management- und keine Pflegeexperten-Funktion ausübt. Als Faustregel gilt: Je mehr (insbesondere fremde) Personen an der Pflegevisite teilnehmen, umso weniger partizipiert der Pflegeempfänger/die Pflegeempfängerin.

Auswahl der KlientInnen: Da die Pflegevisite ein Instrument zur partizipativen Gestaltung des Pflegeprozesses ist, wird sie grundsätzlich mit jedem/jeder KlientIn durchgeführt, die dazu bereit ist. Eine fremdgesteuerte Selektion, also eine Auswahl durch die Pflegepersonen, bewirkt hingegen genau das, was mit der

---

[4]   C. Robers (1981), p 37

Pflegevisite gerade vermieden soll, nämlich die Kategorisierung der Menschen in „Problempatienten", „einfache Patienten" etc. rein auf der Grundlage der Fremdeinschätzung und des Erlebens der Pflegepersonen. Wie falsch und inkongruent solche Einschätzungen sein können, konnten beispielsweise Ricka et al. (1994) in ihrer Untersuchung deutlich aufzeigen. Die Pflegevisite dient ja gerade dazu, die eigene Einschätzung zusammen mit dem/der KlientIn zu überprüfen (validieren) und auf diese Weise Wahrnehmungsgenauigkeit im Sinne der Theorie von King sowie Kongruenz in Bezug auf die Beurteilung von Selbstpflegedefiziten und deren Bedeutung im Sinne der Theorie von Orem herzustellen. (Auf die beiden Theorien wird später noch näher eingegangen). Erfahrungen mit Formen der Pflegevisite in anderen Häusern zeigen, daß auch KlientInnen mit eingeschränkter Wahrnehmungsfähigkeit oder mit eingeschränkten intellektuellen Fähigkeiten an der Pflegevisite teilnehmen können – vorausgesetzt, die Pflegenden finden den entsprechenden Zugang zu ihnen!

Zeitliche Planung: Es ist nicht sinnvoll, den Zeitpunkt und die Dauer der Pflegevisite im voraus und und für immer bindend festzulegen. Schon aus organisatorischen Gründen empfiehlt es sich eher, nur eine gewisse Zeitspanne festzulegen. Die Pflegevisite soll dann durchgeführt werden, wenn **alle** teilnehmenden Personen dazu bereit sind (und nicht nur die Pflegepersonen, nur weil sie vielleicht gerade ihren Dienst beginnen). Biley (1992), aber auch Waterworth/Luker (1990) konnten zeigen, daß die Partizipationsbereitschaft der KlientInnen stark von deren persönlichem Befinden, aber auch von paternalistischem Verhalten der Pflegepersonen abhängt. Bei zu stark strukturierter Planung besteht die Gefahr eines von Waterworth/Luker sogenannten „*toeing the line*"-Effektes (sinngemäß etwa „am gleichen Strick ziehen"): Die KlientInnen beteiligen sich wohl an der Pflegevisite, aber sie tun dies weniger aus eigenem Antrieb, sondern weil sie die Pflegenden nicht bei ihrer Arbeit stören wollen.

Ablauf: Eine der größten Schwierigkeiten beim Ablauf der Pflegevisite besteht darin, daß man gern und immer wieder in alte und vertraute Muster der Gesprächsführung hineinrutscht: Die Pflegenden **stehen** am Bett, nicht selten weit entfernt vom Patienten am Fußende, halten die Pflegedokumentation in den Händen und diskutieren ärztliche Verordnungen. Dabei wird über die PatientInnen hinweg anstatt mit ihnen gesprochen, die Pflegenden veranstalten dann untereinander eher eine Art der Dienstübergabe am Bett, bei der Klient wieder zum Patienten wird. Dieses Muster ist sehr verständlich, schließlich wird es uns auf den Arztvisiten Tag für Tag vorgelebt. Umso wichtiger ist es daher, daß wir uns immer und immer wieder gegenseitig beobachten und darüber miteinander austauschen. Auch wir mußten diese Erfahrungen erst machen. Heute wissen wir, daß es besser ist, die Gesprächsebene anzugleichen. Wir setzen uns an das Kopfende, wenn der Klient Bettruhe hat. Wenn er mobil ist, nehmen wir gemeinsam am Tisch Platz. Wir bieten unseren Klienten Einsichtnahme in den Pflegebericht an.

Im Gespräch halten wir uns mit dem, wie wir beginnen und was wir sagen, an eine sogenannte „narrative" Gesprächstechnik. Diese Technik wurde von uns im Sinne eines Leitfadens für die Pflegevisite entwickelt und eingeübt. Wir beginnen das Gespräch beispielsweise so: *„Frau X., ich möchte Ihnen gern meine Kollegin Sr./Frau Y. vorstellen. Sie beginnt jetzt ihren Dienst und ist bis heute abend gegen 23 Uhr für Sie zuständig. Damit sie sich auch ein Bild von Ihnen machen kann, erzählen Sie uns doch bitte, warum Sie heute bei uns eingewiesen wurden ..."* oder *„... bitte erzählen Sie uns, wie es Ihnen geht"* oder *„bitte erzählen Sie uns, wie Sie den Tag heute erlebt haben."* Diese Gesprächstechnik geht von der Prämisse aus, daß ein Mensch, wenn er so zum Erzählen aufgefordert wird, mit dem beginnen wird, was ihn am meisten beschäftigt und was ihm am nächsten und am wichtigsten ist. Auf diese Weise ergibt sich das Gesprächsthema, und es zeigt sich, welche Bedürfnisse, Fragen und Probleme der Klient, aber auch, welche Erwartungen er an uns hat.

Man muß deswegen keineswegs auf die üblichen Übergabeinformationen verzichten, diese können nicht nur, sondern sollten sogar in die Pflegevisite integriert werden. Dies kann beispielsweise so aussehen: *„Frau X., ich möchte jetzt mit meiner Kollegin zusammen den Verbandwechsel bei Ihnen durchführen, damit wir gemeinsam das Aussehen der Wunde beurteilen und das weitere Vorgehen mit Ihnen besprechen können."* Auf diese Weise wird den KlientInnen pflegerisches Handeln transparenter und verständlicher, sie werden zudem laufend über Fortschritte (hier über den Heilungsprozeß der Wunde) informiert. Für die Pflegenden ergibt sich der ebenfalls nicht zu unterschätzende Vorteil, daß sie pflegerelevante Informationen nicht nur hören, sondern auch noch sehen: Welche Infusionen laufen, welche Zusätze sind drin, wie sieht die Wunde aus, wie gut beherrscht der Klient schon seine Atemtechnik usw.

Es soll auch nicht verschwiegen oder bestritten werden, daß es in bestimmten Situationen bei aller Öffnung und Echtheit nötig und sinnvoll sein kann, den Gepflegten bestimmte Informationen nicht oder noch nicht mitzuteilen. Der Austausch solcher Informationen unter den Pflegepersonen kann, wenn es denn notwendig ist, situationsangepaßt in Fall- oder Dienstbesprechungen stattfinden. Wir möchten aber nochmals darauf hinweisen, daß wir aufgrund unserer Berufsethik und aufgrund rechtlicher Vorschriften unseren KlientInnen gegenüber zur Wahrhaftigkeit verpflichtet sind und daß deshalb sehr, sehr gut überlegt werden muß, was wir aus der Pflegevisite ausklammern wollen. In den Kapiteln „Rechtliche Perspektive" und „Ethische Perspektive" wird hierauf näher eingegangen.

Voraussetzungen:

Es liegt auf der Hand, daß sich daraus ein anderes Schwergewicht pflegerischer Tätigkeiten ergibt: Information, Beratung, Instruktion und Hilfe bei der Entscheidungsfindung sind dazu notwendige kommunikative und soziale Fähigkeiten, die natürlich auch ein anderes Schwergewicht bei der Aus- und Weiterbildung erfordern. Das neue Schweizerische Ausbildungssystem in Pflege, die sogenannten „Neuen Ausbildungsbestimmungen" (NAB), kommt diesen Forderungen sehr entgegen. Statt einer medizin-orientierten Pflegeausbildung stehen hier die fünf Funktionen der Pflege im Zentrum der Ausbildung, die über das bisherige, rein medizinorientierte Verständnis von Pflege weit hinausgehen. Hierdurch werden Pflegende schon in der Grundausbildung in einem Pflegeverständnis geschult, das den Klienten und nicht den Arzt in den Mittelpunkt der beruflichen Tätigkeiten stellt. Die nachfolgende Darstellung soll Hinweise darauf geben, wie der Schwerpunkt der erforderlichen Weiterbildungen vor einer Einführung der Pflegevisite gefunden werden kann.

Gesamtangebot der Pflege (SRK 1991):

1. Unterstützung in und stellvertretende Übernahme von Aktivitäten des täglichen Lebens.
2. Begleitung in Krisensituationen und während des Sterbens.
3. Mitwirkung bei präventiven, diagnostischen und therapeutischen Maßnahmen.
4. Mitwirkung an Aktionen zur Verhütung von Krankheit und Unfällen einerseits sowie zur Erhaltung und Förderung der Gesundheit andererseits; Beteiligung an Eingliederungs- und Wiedereingliederungsprogrammen.
5. Mitwirkung bei der Verbesserung der Qualität und Wirksamkeit der Pflege und bei der Entwicklung des Berufes; Mitarbeit an Forschungsprojekten im Gesundheitswesen.

Grundgerüst der Ausbildung ist hier nicht die traditionelle Fächerorientierung mit vorgeschriebenen Stundenzahlen in Medizin, Chirurgie und Pflege, sondern eine Zielorientierung: Dabei steht die Schulung in den sogenannten Schlüsselqualifikationen im Zentrum, die das Schweizerische Rote Kreuz als zentrale Ausbildungsziele ansieht:

Schlüsselqualifikationen (SRK 1991)

1. Pflegesituationen im gesamten und in ihren Elementen wahrnehmen und beurteilen.
2. Ressourcen bei sich und anderen wahrnehmen, erhalten und entwickeln.
3. Grenzen akzeptieren und geeignete Hilfe beanspruchen bzw. anbieten.
4. Veränderungen einer Situation erkennen sowie mittel- und langfristige Entwicklungen voraussehen.
5. Prioritäten setzen, Entscheidungen treffen und Initiative ergreifen.
6. Aufgrund von Prinzipien ein breites Repertoire an Methoden und Techniken einsetzen.
7. Pflegeverrichtungen geschickt und sicher ausführen.
8. Sich situationsgerecht, verständlich und differenziert ausdrücken.

9. Zum Lernen motivieren, Verhaltens- und Einstellungsveränderungen aufzeigen und unterstützen.
10. Die Wirkung des eigenen Handelns beurteilen und daraus lernen.
11. Ethische Grundhaltungen entwickeln und sie in der konkreten Situation vertreten.
12. Aus einer Grundhaltung der Wertschätzung heraus mit anderen zusammenarbeiten.
13. Im Wechselspiel zwischen Anteilnahme, Engagement und Distanz Beziehungen aufnehmen, erhalten und ablösen.
14. Konflikte angehen, lösen oder aushalten.
15. Für Veränderungen und Neuerungen offen sein.

Für uns wird bereits jetzt, rund vier Jahre nach dem Inkrafttreten dieser Bestimmungen, ein Wechsel der Pflegehaltungen spürbar, dies nicht nur bei den SchülerInnen, sondern auch bei den AusbildnerInnen und diplomierten Pflegepersonen. Wir betrachten dies als eine große Ermutigung und als eine Aufforderung dazu, diese veränderte Pflegehaltung weiter zu entwickeln und weiter zu tragen. Der folgende Erfahrungsbericht soll dies aufzeigen: Es wird dargestellt, wie die praktische Einführung der Pflegevisite auf einer chirurgischen Privatabteilung gestaltet wurde, welche Voraussetzungen dafür nötig waren und welche Vor- und Nachteile wahrgenommen wurden.

Erfahrungsbericht[5]

Ausgangszustand

Die Privatstation mit 21 Betten funktioniert nach dem Belegarztsystem, das bedeutet, daß wir in der Regel mit 12 Chefärzten und nicht weniger als fünf Assistenzärzten (welche darüber hinaus noch alle vier bis zwölf Wochen wechseln) zusammenarbeiten. Dies bedeutet eine sehr große Vielfalt unterschiedlicher Pflegetechniken und gleichzeitig einen recht hohen organisatorischen und administrativen Aufwand. Eine Folge ist beispielsweise, daß die Einarbeitungszeit für neue MitarbeiterInnen mindestens ein halbes Jahr beträgt .

Vor ungefähr einem Jahr waren im Team zunehmend störende Unsicherheiten aufgetreten, insbesondere hinsichtlich der Durchführung der prä- und postoperativen Pflege unserer Patienten. Dies zeigte sich vor allem an folgenden Phänomen:

• Häufig war je Dienst nur eine diplomierte Pflegende anwesend, die den Gesamtablauf der Station umfassend und detailliert kannte und beherrschte.

---

[5] aus: Heering, K (1995), pp 302

Diese mußte einen großen Teil ihrer Arbeitszeit aufwenden, um den KollegInnen Fragen zu beantworten. Es kam auch nicht selten vor, daß die anfallenden Arbeiten von den anderen Pflegenden nach „Gutdünken" erledigt wurden.

• Die Pflegedokumentation entsprach nicht den Anforderungen. Pflegeziele und Maßnahmen waren häufig gar nicht oder zu wenig genau dokumentiert, weil auch hier Unsicherheiten und Wissenslücken über die Umsetzung bestanden. Dies führte insbesondere zu einer mangelnden Kontinuität der Pflege, weil bei einem Wechsel der Pflegepersonen häufig die am Patienten durchzuführenden Maßnahmen geändert wurden.

• Schriftliche Arbeiten hatten einen geringeren Stellenwert als praktische Arbeiten: Häufig war zu beobachten, daß besonders bei großem Arbeitsanfall die praktischen Pflegeverrichtungen (das „Machen"), also z.B. Waschen, Verbände machen etc. erste Priorität, das gezielte Planen und Dokumentieren aber letzte Priorität erhielten, mit dem nicht selten Ergebnis, daß von diesen arbeitsintensiven Tagen die pflegerischen Eintragungen teilweise fehlten, die von Pflegenden vorzunehmenden medizinischen Eintragungen aber gemacht werden. MitarbeiterInnen, die „nur" Pflegeberichte schrieben, hatten in den Augen anderer MitarbeiterInnen nichts zu tun.

• Dieses hatte zur Folge, daß sich eine gewisse Unsicherheit („Habe ich alles richtig gemacht?") bei den Pflegenden ausbreitete und damit auch die Berufszufriedenheit und Motivation bei jedem Teammitglied sank. Negative Auswirkungen auf das Arbeitsklima wurden teilweise recht deutlich spürbar. Aber auch bei den Patienten führte die Diskontinuität zu Unsicherheit und damit auch zu einem Mangel an Wohlbefinden.

Erster Schritt: Dokumentation verbessern

Wir organisierten eine Weiterbildung zum Thema Pflegeplanung und Pflegedokumentation. Dabei wurde besonders der Stellenwert schriftlicher Arbeiten betont. Es gelang recht schnell, die MitarbeiterInnen von den Vorteilen einer sachgerecht geplanten und dokumentierten Pflege zu überzeugen, z.B.:

• Das „Ziehen am gleichen Strang", also die Verfolgung gleicher Pflegeziele.

• Einsparung von wertvoller Pflegezeit, weil die für die Durchführung der Pflege notwendigen Informationen jederzeit und konkret nachgelesen werden können und nicht mühsam „zusammengefragt" werden müssen.

• Mehr Sicherheit und damit nicht zuletzt auch mehr Zufriedenheit sowohl bei den PatientInnen als auch beim Pflegepersonal.

Daneben hatte auch das Spital mit der Erstellung eines neuen Pflegeleitbildes die Anwendung des Pflegeprozesses und das Führen einer Pflegedokumentation als Instrumente der Pflege verbindlich vorgeschrieben.

Durch den konsequenten und gezielten Einsatz der Plegeplanung, Schreiben eines Pflegeberichtes sowie einer guten Kardexführung erlangten die MitarbeiterInnen danach sehr schnell auch Sicherheit im Umgang mit komplexen Pflegesituationen. Dank einer aussagekräftigen, schriftlich festgehaltenen Pflegeplanung war es bald einmal kein Problem mehr, auch ohne einen vorausgehenden „großen Rapport", PatientInnen der unterschiedlichsten chirurgischen Fachrichtungen zu übernehmen.

Während dieser Zeit war es sehr wichtig, daß die Teammitglieder immer wieder sowohl zum gezielten Einsatz der Pflegeplanung motiviert und angeleitet wurden, als auch, Unsicherheiten und Fragen ernst zu nehmen und ihnen ein kontinuierliches Feedback zu geben. Bei dieser Aufgabe wurden wir von einer Pflegeexpertin unterstützt. Inzwischen sind die Teammitglieder zum größten Teil selbständig geworden bei der gegenseitigen Anleitung und Motivation. Es wurde eine Arbeitsgruppe aus drei bis vier Teammitgliedern eingerichtet, die immer wieder wechseln. Sie haben die Aufgabe, die Pflegedokumentation gegenzulesen, festzustellen, ob der Pflegeprozeß aufgezeigt wird und die Ergebnisse an Teamsitzungen als Rückmeldung ins Team zurückzugeben.

Zweiter Schritt: Pflegeplanung mit den Patienten

Auch bei war uns der traditionelle, sogenannte „große Rapport" noch üblich: Alle Teammitglieder des Tag- und des Spätdienstes setzten sich für etwa eine volle Stunde im Dienstzimmer zusammen. Während dieser Stunde wurde von allen PatientInnen berichtet, und zwar von der durchgeführten Pflege, vom Zustand und vom Verlauf. Auch die Überprüfung und die Neuplanung der Pflege wurden so vorgenommen. Die Nachteile eines solchen Gruppenrapportes sind unter anderem, daß viel Pflegezeit verloren geht und auch die Konzentration der Zuhörer bald erlahmt. Da wir außerdem mit Hilfe der verbesserten Pflegeplanung und -dokumentation einer Bezugspersonenpflege sehr nahe gekommen waren, ergab sich auch nicht mehr die Notwendigkeit, daß jede Pflegende von jede KlientIn informiert sein mußte wie zuvor mit einem funktionellen Pflegesystem.

Wir beschlossen also, den Gruppenrapport abzuschaffen und durch die Pflegevisite zu ersetzen. Wie die Pflegevisite gestaltet wird, haben wir weiter oben genau dargestellt. Unsere Leitgedanken sind dabei die im zuvor erwähnten Pflegeleitbild postulierten Ziele des Pflegedienstes:

„Der Patient wird informiert und beraten. Er erhält eine fachgerechte, der aktuellen Bedürfnissituation angepaßte Pflege und kennt seine Bezugsperson. Sein Wohlbefinden wird unterstützt durch mögliches Eingehen auf individuelle Wünsche. Die Kontinuität der Pflege wird sichergestellt. Die Pflege wird prozeßorientiert durchgeführt. "

Sehr wichtig dabei, daß die PatientInnen immer in das Übergabegespräch mit einbezogen werden. Wir erreichen dies am besten, indem wir sie auffordern, selbst über ihren Tagesablauf zu berichten. Nur so kann gewährleistet werden, daß die PatientInnen voll in die Pflegevisite miteinbezogen werden und sich nicht ausgeschlossen fühlen.

Erste Erfahrungen

In einem nächsten Schritt wurden die Vor- und Nachteile einer solchen Pflegevisite vom Team zusammengetragen und ausgewertet. Dabei ergaben sich klare Vorteile zugunsten der Pflegevisite, von denen ich im Folgenden nur einige der wichtigsten nenne

- Der Spätdienst *hört* nicht nur den Namen der KlientInnen, sondern *sieht* diese auch und kann somit bereits jetzt eine eigene Einschätzung treffen.
- Die Pflegenden *hören* nicht nur von Sonden, Drainagen, Infusionen etc., sie *sehen* diese auch und können diese gleich vor Ort vollständig überprüfen (doppelte Kontrolle = mehr Sicherheit).
- Statt nur einem sehen zwei Augenpaare auch in die Pflegedokumentation. Somit findet auch hier gleichzeitg eine Überprüfung statt, ob die schriftlichen Eintragungen mit der Situation übereinstimmen.
- Das Verantwortungsbewußtsein der Pflegenden, aber auch das der KlientInnen wird gesteigert, nicht zuletzt dadurch, daß die Planung der gesamten Pflege, die vorher im Stationsbüro besprochen wurde, jetzt bei den KlientInnen und mit diesen geschieht. Dadurch, daß die KlientInnen immer voll miteinbezogen werden, daß die Pflegeziele und -Maßnahmen gemeinsam ermittelt und auch überprüft werden, gelingt es den KlientInnen, ihre eigene Situation besser zu verstehen und aktiv mehr zur Genesung beizutragen. Bei der Pflegevisite ist jedoch auch eine sorgfältige Prüfung der Frage nötig, was *nicht* gesagt werden soll (zum Beispiel eine Diagnose, die der KlientIn noch nicht mitgeteilt wurde, eine verlorengegangene Krankengeschichte, vergleichbare Patientensituationen mit Namensnennung und so weiter).
- Die KlientInnen lernen ihre zuständige „Hauptpflegende" und deren Aufgaben besser kennen. Sie wissen genau, welche Pflegenden hauptsächlich für sie zuständig sind. Dies stellt die notwendige pflegetherapeutische Beziehung sicher und ist somit geeignet, Wohlbefinden und Sicherheit zu steigern.
- Die Pflegenden haben die Möglichkeit, wenigstens einmal am Tag in Ruhe ein Gespräch mit ihrer KlientIn zu führen und Bedürfnisse vor Ort aufzunehmen, auch dies wiederum ein wichtiger Aspekt zur Steigerung des Wohlbefindens von KlientInnen und Pflegenden.

Diese Wahrnehmungen der Pflegenden wurde von unseren KlientInnen bestätigt. Zwei Zitate aus Dankesschreiben mögen dies verdeutlichen:

- „Ich habe noch nie so gut verstanden, was um mich herum im Spital vorgeht."
- „Nun bin ich bereits eine Woche zu Hause in einer anderen, vertrauten Umgebung. Die fünf Wochen auf der Station ... waren für mich in vielerlei Hinsicht ein prägendes Erlebnis. Daß ich diese Wochen in optimistischer Grundhaltung durchstehen konnte, dafür sind Sie mit ihrem Team die Hauptverantwortlichen. Neben der einwandfreien medizinischen Betreuung spielte dabei das Eingehen auf die rein menschlichen Probleme eine große Rolle." ... „Ich habe

mich ... wohlgefühlt." ... „Einen besonderen Dank jedoch an meine „Haupt-schwestern" ...

Unserer Meinung nach ist, neben einer fachgerechten Behandlungspflege, ein gezieltes Eingehen auf die im Zitat angesprochenen menschlichen Probleme im Rahmen eines Krankenhausaufenthaltes nur möglich, wenn eine Plegeplanung gezielt mit den KlientInnen zusammen erstellt und und auch gemeinsam überprüft wird. Nur so ist es möglich, daß alle Pflegenden „an einem Strick ziehen".

Um bestmögliche Wege zu einer individuellen Pflege zu finden, braucht es vor allem eine hohe Kontinuität im Umgang mit den KlientInnen und ausgebildetes Pflegepersonal (Plegeexperten), welches eine Vertrauensbasis schafft. Eine Person, zu welcher die KlientIn keine Beziehung hat, dürfte es nicht nur in der sogenannten direkten Pflege schwer haben, sondern auch und besonders bei der Teilnahme an der Pflegevisite. Meine eigenen, ganz persönlichen Erfahrungen mögen dies verdeutlichen: Wenn ich selber in der Funktion als Stationsleitung an der Pflegevisite teilnahm (mit der Absicht, meine Mitarbeiter zu führen), wurde die ungezwungene Atmosphäre durch meine Anwesenheit gestört. Diese ungezwungene Atmosphäre, welche Grundvorraussetzung ist, um miteinander arbeiten zu können, war jedoch vorhanden, wenn es sich um KlientInnen handelte, die ich selber schon gepflegt hatte und die mich daher kannten.

Dritter Schritt: Änderung der Arbeitszeiten

Mit der Einführung der Pflegevisite stellte sich auch die Frage nach effizienteren Arbeitszeiten, um damit den unbeliebten „Teildienst" ablösen zu können. Um die richtigen Arbeitszeiten für unsere Station ermitteln zu können, erstellten wir zuerst eine Situationsanalyse. Anschließend ermittelten wir verschiedene Möglichkeiten von Arbeitszeiten unter Beachtung der Rahmenbedingungen. Als Vorteile ermittelten wir:

• Der Spätdienst wurde besser besetzt.
• Größere Pflegekontinuität, da sich die KlientIn innerhalb von 24 Stunden nicht mehr auf ca. 7 bis 10 verschiedene Pflegende einstellen muß, sondern nur auf 3 bis 5.
• KlientInnen können auch noch am Abend gefordert und gefördert werden und haben somit eine bessere Nachtruhe, da die Nacht nicht schon um 18.00 Uhr beginnt.
• Die Pflegenden haben eine durchgehende Dienstzeit (06.45 – 16.06 Uhr = Frühdienst, 13.24 – 22.45 Uhr = Spätdienst, 22.15 – 07.15 Uhr = Nachtdienst[6].

---

[6] Den genannten Arbeitszeiten liegt die in der Schweiz übliche 42-Stunden-Woche zugrunde, Anm. d. Verf.

Der Frühdienst ist in der Regel mit vier diplomierten Pflegenden, einem oder zwei PflegeschülerInnen und einer Schwesternhilfe besetzt. Der Spätdienst ist mit 3 diplomierten Pflegenden, der Nachtdienst schließlich mit einer Diplomierten besetzt. Am Wochenende genügen zwei Diplomierte im Spätdienst. Je nach Visiten und Arbeitsanfall arbeiten die Schwesternhilfen am Wochenende geteilt. Dafür brauchen sie keine Spätdienste zu absolvieren. Dabei muß betont werden, daß sich der Personalschlüssel in nichts von dem einer allgemeinen Abteilung unterschied, der Schichtdienst kann also ohne zusätzliches Personal verwirklicht werden.

Da der Frühdienst allerdings mit ein bis zwei Pflegenden weniger besetzt wurde, mußte ein völliges Umdenken im bezug auf die Arbeitseinteilung erfolgen. Sehr wichtig war es, auch die KlientInnen darauf hinzuweisen, daß bestimmte pflegerische Verrichtungen erst am Nachmittag erfolgen. Besonders ältere KlientInnen, die schon häufiger einen Spitalaufenthalt hinter sich gebracht hatten, durften nicht das Gefühl vermittelt bekommen, daß „man sich nicht vernünftig um sie kümmert". Da aber die KlientInnen eine Art Fahrplan von ihrer Pflegenden erhalten und ja auch bei der Pflegevisite voll miteinbezogen werden, brachte dieses kaum Schwierigkeiten mit sich, im Gegenteil: Die KlientInnen merkten sehr bald, daß es ihnen so (bei gegenseitiger Absprache), ermöglicht werden konnte, ihren ganz persönlichen gewohnten Tagesablauf auch im Spital beibehalten zu können (z.b. bis 9 Uhr schlafen, kein Frühstück, abends statt morgens duschen etc.).

Einführung der Funktion der Schichtleitung

Ein (vermeintlicher) Nachteil der Pflegevisite und des Schichtdienstes war, daß viele Teammitglieder das Gefühl hatten, bei der Einführung eines solchen „Übergabe-"Systems nur noch unzureichend über die anderen KlientInnen informiert zu sein. In Anbetracht dessen, daß, wie bereits vorher erwähnt, die Konzentration während eines traditionellen Gruppenrapports nach kurzer Zeit rapide nachläßt und der Erinnerungseffekt demzufolge sehr gering ist, halten wir diesen Nachteil nicht für einen spezifischen Nachteil der Pflegevisite. Um Mißverständnissen vorzubeugen, sei angemerkt, daß diese Äußerung ernst genommen wurde, aber unabhängig von der Pflegevisite als solcher angesehen wird.

Diese Schwierigkeit läßt sich auch relativ einfach lösen durch eine Pflegende, die die Funktion einer Schichtleitung übernimmt. Außerdem wurde eine zusätzliche Spalte auf dem KlientInnendispographen eingerichtet. In dieser Spalte wird die abgekürzte Diagnose und der Pflegeaufwand[7] der KlientInnen festgehalten. Somit hatte jedes Teammitglied auch weiterhin einen Grobüberblick über das auf der Station vorhandene KlientInnengut. Die Aufgaben der Schichtleitung wurden für alle Teammitglieder schriftlich festgehalten und auf Wunsch des Teams wäh-

---

[7] gemäß Aufwandkategorie

rend der ersten Wochen nur von meiner Stellvertretung und mir selber wahrgenommen. Folgende Erwartungen werden an die Schichtleitung gestellt:

- Die Schichtleitung muß das KlientInnengut und den Arbeitsablauf auf der Abteilung gut kennen, für unsere Abteilung bedeutet das, sie sollte mindestens 6 Monate auf der Abteilung tätig gewesen sein. Dies erfordert allerdings auch eine gewisse Entlastung: Nach unserer Erfahrung sollte die Schichtleitung nicht mehr als drei KlientInnen der Pflegekategorie 1 pflegen[8].
- Sie ist für zentrale Verwaltungsarbeiten verantwortlich. Dazu gehört: eingehende Post versorgen, EDV-Erfassung, jegliche Bestellungen, Telefondienst.
- Übernahme der KlientInnen, wenn MitarbeiterInnen in die Pause gehen.
- Betreuung aller MitarbeiterInnen.
- Sie übernimmt die Beratungs- und Managerfunktion, d.h.: sie orientiert sich anhand vom Kardex oder Dispographen über alle KlientInnen, sie muß von allen Mitarbeitern in speziellen Situationen zu Rate gezogen werden, sie muß sich vorort über alle Problemfälle informieren.
- Sie erstellt den Arbeitsplan und teilt eine Person zum Stellen der Medikamente mittags ein, sie kann jederzeit Arbeit an MitarbeiterInnen, die freie Kapazitäten haben, abdelegieren.

Die Hauptverantwortung für die zu betreuenden KlientInnen trägt aber nach wie vor die Pflegende, die für die jeweilige KlientIn zugeteilt ist."

Ausblick

Parallel zu den Entwicklungen in unserem Haus wurden wir auf ähnliche Entwicklungen in anderen Häusern aufmerksam, beinahe täglich erreichen uns entsprechende Anfragen. Wir haben uns deshalb mit anderen Pflegenden aus Aarau, Basel, Bern, St. Gallen und VertreterInnen aus weiteren Kliniken in einer kleinen Interessengruppe zusammengeschlossen und halten so Kontakte zu vielen Krankenhäusern in der Deutschschweiz. Wir sind zur Zeit bemüht, die Unterschiede und Gemeinsamkeiten in anderen Pflegebereichen zu benennen, zum Beispiel im Umgang mit dementen Betagten oder neurologischen/neurochirurgischen PatientInnen. Die Erkenntnisse hieraus sind sehr ermutigend! Wir haben uns zum Ziel gesetzt, in naher Zukunft einen gemeinsamen Leitfaden herauszugeben, der es interessierten Kolleginnen und Kollegen ermöglicht, sich unsere Erfahrungen und Erkenntnisse zunutze zu machen. Falls Sie also Interesse haben, schreiben Sie uns!

---

[8] Die erste von drei Pflegeaufwandskategorien (Anm. d. Verf.)

Partizipation in der Akutpflege

**von Christian Heering, Pflegeexperte HöFa 2 (SRK),
dipl. Lehrer für Krankenpflege (SRK)**

Einleitung

Erkenntnisinteresse

- Ich möchte versuchen, in Bezug auf die Konzepte der Information, der Selbstbestimmung und der Beteiligung von KrankenhauspatientInnen an ihrem Pflegeprozeß (Partizipation) mehr begriffliche Klarheit zu schaffen.
- Ich möchte herausfinden, welche Bedeutung diese Konzepte für die Pflege von KrankenhauspatientInnen haben.
- Ich möchte für den deutschsprachigen Raum eine Arbeitsgrundlage für den praktischen Umgang mit diesen Konzepten schaffen.
- Ich möchte mit meiner Arbeit dazu beitragen, daß Pflegende die von ihnen Gepflegten besser verstehen lernen und daß so aus PatientInnen KlientInnen werden können.

Untersuchungsfragen

1. Welche rechtlichen Vorschriften gelten hinsichtlich der Selbstbestimmung und Information von KrankenhauspatientInnen in den deutschschweizer Kantonen?
2. Welche ethischen Konzepte und Theorien sind in diesem Zusammenhang von Bedeutung?
3. Welche pflegewissenschaftlichen Konzepte und Theorien sind in diesem Zusammenhang von Bedeutung?
4. Welche Bedeutung hat die Selbstbestimmung im Zusammenhang mit Pflege für PatientInnen in einem Akutkrankenhaus?
5. Welche Bedeutung hat die Information im Zusammenhang mit Pflege für PatientInnen in einem Akutkrankenhaus?

Vorgehen

Zur Beantwortung der ersten Frage werde ich die zum Zeitpunkt der Untersuchung vorliegenden Rechtsvorschriften der deutschsprachigen Kantone der Schweiz einer vergleichenden und zusammenfassenden Dokumentenanalyse unterziehen. Zur Beantwortung der zweiten Frage werde ich anhand ausgewählter philosophischer, bioethischer und pflegeethischer Literatur versuchen, die bedeutsamen Konzepte theoretisch herauszuarbeiten. Zur Beantwortung der dritten Frage werde ich ausgewählte pflegewissenschaftliche Literatur nach Definitionen und Bedeutungen des Konzeptes der „Partizipation" durchsehen. Da diese Literatur vorwiegend aus dem angloamerikanischen Raum stammt, werde ich auf der Grundlage der Erkenntnisse zu den ersten beiden Fragen versuchen, eine deutsche Arbeitsdefinition und ein Instrument für die Umsetzung von Partizipation zu erstellen. In einer qualitativ angelegten Untersuchung werde ich anschließend versuchen herauszufinden, welche Bedeutung die ausgewählten InformantInnen den Partizipationselementen „Information" und „Autonomie" beimessen. Dazu werde ich mich des Leitfaden-Interviews als Erhebungsinstrument und der qualitativen Inhaltsanalyse als Auswertungsinstrument bedienen. Die so gewonnenen Daten werde ich vor dem Hintergrund der aus der Bearbeitung des theoretischen Rahmens gewonnen Erkenntnisse diskutieren und daraus Schlußfolgerungen für die Pflege ziehen.

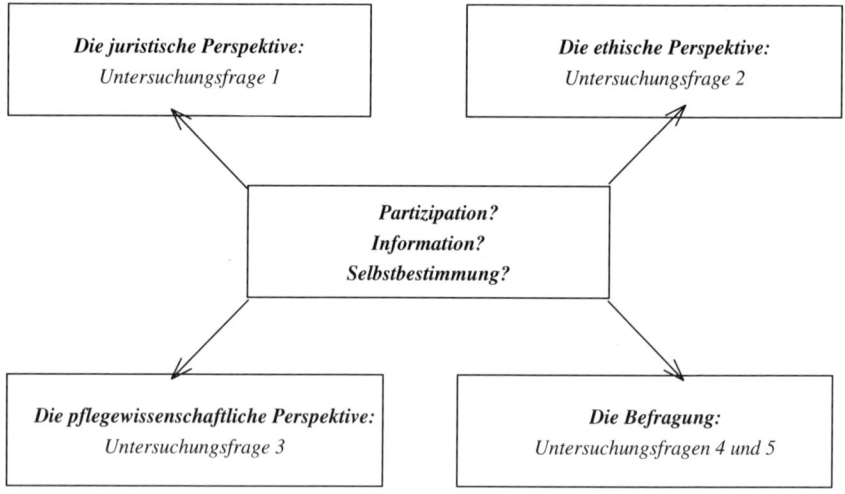

Abbildung 1: Aufbau der Arbeit

Abgrenzungen

Bei der Darstellung des theoretischen Rahmens beschränke ich mich auf nur drei meines Erachtens relevante Perspektiven: die juristische, die ethische und die pflegewissenschaftliche Perspektive. Weitere denkbare Perspektiven wie zum Beispiel die ökonomische oder die sozialpolitische Perspektive werde ich aus zeitlichen Gründen nur am Rande berücksichtigen können.

Die Datenbasis dieser Untersuchung wird zu klein sein, um daraus allgemeine Schlußfolgerungen ziehen zu können.

Bei der Untersuchung selber möchte ich mich auf nur zwei meines Erachtens relevante Elemente der Partizipation, nämlich *Information* und *Autonomie,* beschränken. Weitere Elemente wie zum Beispiel die *Selbstpflege*[1] werden in dieser Untersuchung aus Zeitgründen nur am Rand thematisiert. Hierfür müßte sowohl der theoretische Rahmen ausgedehnt als auch möglicherweise ein anderes Instrument als das von mir gebrauchte verwendet werden.

Die Auswirkungen der Partizipation auf PatientInnen und auf weitere Beteiligte (Pflegende und weitere Spitaldienste) sind ebenfalls nicht Gegenstand meiner Untersuchung.

Ich möchte mich ausschließlich auf die Erhebung von Daten im Bereich der Akutpflege befassen, da hier, anders als z.B. in der Langzeit- oder Spitex-Pflege, innerhalb kurzer Zeiträume und außerhalb der gewohnten Umgebung der Erkrankten, schwerwiegende und vielleicht lebensumstellende Entscheide getroffen werden müssen und Partizipation deshalb möglicherweise eine andere Bedeutung hat.

Die rechtliche Perspektive

Rechtliche Vorschriften, die die Wahrung der Selbstbestimmung und der Eigenständigkeit der Menschen gewährleisten und schützen sollen, finden sich, international und national, auf allen Ebenen des hierarchisch strukturierten Rechtssystems. Dabei wird den Konzepten der Selbstbestimmung und der Information ein hoher Wert beigemessen. Um die Bedeutung der nachfolgend angesprochenen Gesetze für die Beziehungsgestaltung zwischen professionell Pflegenden und Gepflegten nachvollziehbar erscheinen zu lassen, wird zunächst ein kurzer Überblick über den hierarchischen Aufbau des Rechtssystems gegeben. Die Gesetze oder Dekrete der deutschsprachigen Kantone werden, soweit vorliegend, miteinander verglichen, wodurch Gemeinsamkeiten und Unterschiede im Rechtsverständnis des Selbstbestimmungsrechtes, des Informationsrechtes sowie Implikationen für die Umsetzung ersichtlich werden.

---

[1] Orem (1996)

3

Die Hierarchie des Rechtes

Staatenrecht/zwischenstaatliches Recht

Hierbei handelt es sich um Verträge, die zwischen autonomen Staaten ausgehandelt und ratifiziert werden. Die hierin formulierten und in der Regel allgemein gehaltenen Rechtsnormen sind nach der Ratifizierung für die Vertragsstaaten bindend und brechen innerstaatliches Recht. Beispiele hierfür, die auch für die in dieser Arbeit diskutierten Konzepte von Bedeutung sind, sind der UN-Pakt für die zivilen und politischen Rechte von 1976 (der auf der rechtsunverbindlichen Menschenrechts-Erklärung der Vereinten Nationen von 1948 fußt) oder die Genfer Konvention[2].

Verfassungsrecht/Grundordnungen

Das Verfassungsrecht regelt unter anderem die Staatsform, die Rechte und Pflichte seiner StaatsbürgerInnen, die hoheitlichen Aufgaben und Rechte des Staates auf Bundesebene und, nach außen, die Beziehung zu anderen Staaten. In Bundesstaaten (z.B. Bundesrepublik Deutschland, Schweizerische Eidgenossenschaft) regelt die Bundesverfassung die politische Landschaft im Rahmen der zuvor erwähnten Bundeshoheit, d.h. insbesondere das Zustandekommen und die Kompetenzen der drei Gewalten *Legislative* (gesetzgebende Gewalt), *Exekutive* (ausführende oder Regierungsgewalt) und *Judikative* (rechtsprechende Gewalt). Das Verfassungsrecht ist das ranghöchste Recht des Staates. Die nachrangigen Landesverfassungen beziehungsweise Kantonsverfassungen dürfen diesem höchsten Recht weder in Wort noch Sinn widersprechen, alle anderen Gesetze müssen sich danach ausrichten.

Landes- bzw. kantonale Verfassungen

Sie regeln die politische Landschaft im Rahmen der Landeshoheiten beziehungsweise Kantonshoheiten wie z.B. das Schulsystem (Kulturhoheit) oder das Polizeiwesen (Polizeihoheit). Die Landes- bzw. Kantonsverfassung ist das höchste Recht nach der Bundesverfassung, in Bezug auf die erwähnten Hoheiten ist sie der Bundesverfassung gleichgestellt.

Bundesgesetze (in Bundesstaaten)

In dieser Hierarchiestufe finden sich alle Gesetze, die bundesweit Gültigkeit haben und daher von der Legislative, also den jeweiligen Bundesparlamenten, durch die in der Verfassung festgelegten Gesetzgebungsverfahren beschlossen

---

[2] Ermacora (1982), pp 20 und pp 85

werden. Hierzu zählen sowohl Gesetze des öffentlichen Rechtes wie z.B. das Strafrecht als auch des privaten Rechts wie z.B. das Zivilgesetzbuch. Diese Gesetzeswerke brechen Landes- bzw. Kantonsrecht.

Landesrecht/Kantonsrecht

Aufgrund der Hoheitsregelungen können und müssen die Landes- beziehungsweise Kantonsparlamente (Legislative) beispielsweise ein Gesetz zum Gesundheitswesen (vgl. untenstehendes Beipiel) verabschieden. Diese per Landes-oder Kantonshoheit erlassenen Gesetze sind nur im betreffenden Land bzw. Kanton gültig; dies kann in Einzelfällen zu für Laien schwer verständlichen Rechtsungleichheiten in unterschiedlichen Ländern/Kantonen führen (beispielsweise ungleiche Aufnahmeregelungen für NotfallpatientInnen in den verschiedenen Kantonsspitälern der Schweiz).

Ausführungsverordnungen

Während die Gesetze selber für ihr Zustandekommen die verfassungsmässigen Mehrheiten im Parlament (Legislative) benötigen, werden Ausführungsverordnungen vom Kabinett (Landes- bzw. Kantonsregierung, Exekutive) „erlassen". Diese Ausführungsverordnungen haben rechtlich bindenden Charakter und regeln die Einzelheiten für ein bestimmtes Gesetz. Ein Beispiel hierfür ist das Patientendekret des Kantons Aargau von 1991.

Von der Verfassung über das Gesundheitsgesetz zum Patientendekret, Beispiel:

1. Artikel 3 der Schweizerischen Bundesverfassung regelt die Souveränität der Kantone.
2. Aufgrunddessen muß der Kanton Aargau eine Kantonsverfassung erlassen. Paragraph 41 dieser „Verfassung des Kantons Aargau" regelt das Gesundheitswesen, ein spezielles Gesetz hierzu war zu erlassen.
3. Aufgrund dieses § 41 der Kantonsverfassung entstand das Gesundheitsgesetz (Landesrecht), zuletzt revidiert 1987.
4. Aufgrund des § 49 dieses Gesundheitsgesetzes wiederum erließ der Große Rat 1991 das Patientendekret (eine Durchführungsverordnung), das die Rechte und Pflichte der Krankenhauspatienten in den Krankenanstalten des Kantons im Detail regelt.

Patientenrechte

Geschichtliche Entwicklung der Patientenrechte

Anlaß für eine rechtliche Würdigung und Explizierung von PatientInnenrechten waren die Greueltaten der Nationalsozialisten während des dritten Reichs, die sie an Insassen der Konzentrationslager verübten. Aus Anlaß der Nürnberger Prozesse wurde 1946 die erste formelle, internationale Erklärung zu Patientenrechten abgegeben[3]. Das Recht auf Selbstbestimmung wurde hier vor allem hinsichtlich des „informed consent" formuliert, das dazu verpflichtet, Forschung am Menschen grundsätzlich nur nach dessen genauer Information über erwartete oder erwartbare Folgen der Forschung sowie dessen erklärter Zustimmung vorzunehmen. Dieses Recht ist auch Bestandteil der Erklärung von Helsinki (1964). Während in den siebziger Jahren vor allem in den Vereinigten Staaten von Amerika die Patientenrechtsorganisation von sich reden machten und die Vereinigung Amerikanischer Krankenhäuser eine Patientenrechtserklärung verabschiedete, kam eine entsprechende Entwicklung in der Schweiz erst in den achtziger Jahren mit der Gründung der Patientrechtsorganisationen und der Überarbeitung der kantonalen Gesundheitsgesetze in Gang. Zum jetzigen Zeitpunkt, Juli 1995, sind diese Arbeiten erst in zwölf der 21 angefragten Kantone abgeschlossen. In neun Kantonen existieren derzeit noch keine Gesetzesvorschriften zu den Patientenrechten.

Ebene des Staatenrechts

Das Selbstbestimmungsrecht geht grundsätzlich sehr weit. Auf internationaler Ebene kommt es in übergeordneten Werten bereits in den nachfolgend genannten Artikeln des UN-Paktes für Menschenrechte von 1976 zum Ausdruck[4]:

UN-Pakt für Menschenrechte, Artikel:

18. Gedanken-, Gewissens- und Religionsfreiheit
19. Meinungs- und Informationsfreiheit
26. Gleichheitsgrundsatz

In der Reihe der obersten Rechtsgrundsätze werden besonders von den Leistungsanbietern im Gesundheitswesen auch immer wieder Konstrukte wie zum Beispiel die „Charta der Krankenhauspatienten"[5] des Krankenhausausschusses

---

[3] Ermacora (1982), Leino-Kilp / Kurittu (1995)
[4] Ermacora (1982), p 108
[5] vgl. etwa Juchli (1991) pp 382

der EWG oder die „Patients Bill of Rights" der American Hospitals Association[6] erwähnt, was den Anschein erwecken könnte, es handle sich um rechtlich hochstehende und rechtsverbindliche Grundsätze. Es muß aber betont werden, daß diese Übereinkünfte keinen Rechtscharakter haben, da sie von den Institutionen ohne offizielles Mandat und außerhalb jedwelcher gesetzgebender Verfahren formuliert wurden, geschweige denn, daß diese jemals von staatlichen Organen ratifiziert und zu Gesetzesstatus erhoben worden wären. Es erscheint mir auch eher bedenklich, daß sich (private) Krankenhaus-Assoziationen bemüßigen, Grundsätze aufzustellen, die, wie gezeigt, ohnehin schon als Menschen- und Verfassungsrechte garantiert sind, welche in ihren Forderungen viel weitergehen. Mit Davis/Aroska (1983)[7] gesprochen, macht es einen anmaßenden Eindruck, wenn „das Krankenhaus den Patienten großzügig Rechte zurückgibt, die es zuvor gestohlen hat".

Eine Ausnahme bildet dabei in den Vereinigten Staaten von Amerika das Bundesgesetz über die Selbstbestimmung von PatientInnen. Dieser *„Patient Self Determination Act"* wurde 1989 dem amerikanischen Senat vorgelegt und trat zwei Jahre später, am 1. Dezember 1991, in Kraft. Das Gesetz verpflichtet bezuschußte Pflegeinstitutionen, (1) schriftliche Dokumente und Verfahrensweisen in Bezug auf Vorausverfügungen zu benutzen, (2) die PatientInnen über ihre Rechte insbesondere in Bezug auf Vorausverfügungen zu informieren, (3) zu dokumentieren, ob der Patient eine Vorausverfügung hat und (4) Verfahrensweisen des jeweiligen Bundesstaates in Bezug auf den Vollzug von Vorausverfügungen umzusetzen[8].

Ebene des Verfassungsrechtes

In der Bundesrepublik Deutschland wie auch in der Schweizerischen Eidgenossenschaft findet das Selbstbestimmungsrecht seinen Ausdruck in den hierarchisch am höchsten stehenden Gesetzen, den Verfassungen:

Bundesrepublik Deutschland, Artikel der Bundesverfassung[9]:

1. Menschenwürde,
2. Recht auf persönliche Entfaltung, Recht auf Leben und Unversehrtheit
3. Gleichheitsgrundsatz,
4. Gewissens- und Religionsfreiheit;
8. Informationsfreiheit

---

[6] vgl. etwa Tschudin (1988) p 75
[7] zitiert in Tschudin (1988), p 75
[8] Flarey (1991), pp 20
[9] Das bundesdeutsche Verfassungsrecht weist die Eigenart auf, daß die Artikel innerhalb der Kapitel ebenfalls nach Rang geordnet sind. Das erste Kapitel über die Grundrechte steht also im Rang über den nachfolgenden Rechten, wovon wiederum die genannten ersten vier Artikel die höchstrangigen innerhalb der Grundrechte sind.

Schweizerische Eidgenossenschaft, Artikel der Bundesverfassung:

49. Glaubens- und Gewissensfreiheit,
50. Pressefreiheit,
51. Vereinsfreiheit

Kanton Aargau, Paragraphen der Verfassung für den Kanton:

9. Menschenwürde
10. Gleichheitsgrundsatz
11. Glaubens- und Gewissensfreiheit
12. Religionsfreiheit
13. Meinungs- und Informationsfreiheit
14. Recht auf persönliche Freiheit

Allerdings sind diese Vorschriften aufgrund ihres hohen Abstraktionsniveaus nicht immer unmittelbar anwendbar auf Alltagssituationen: sie bedürfen der Interpretation und Konkretisierung durch konkrete Verordnungen oder, wo diese nicht existieren, durch die Praxis der Rechtsprechung.

Ebenen des Landesrechtes und der Durchführungsverordnungen

Die Rechtsstellung der PatientInnen ist in der Schweiz auf der Ebene des Kantonsrechtes geregelt. Die entsprechenden Vorschriften sind die jeweiligen Gesundheitsgesetze mit ihren Ausführungsverordnungen und werden bezeichnet mit „Patientendekret" oder „Verordnungen für Kantonsspitäler". In dieser Arbeit habe ich mich auf eine grobe Gegenüberstellung der zur Zeit vorliegenden Dokumente zu den Patientenrechten in den (ganz oder teilweise) deutschsprachigen Kantonen der Schweizerischen Eidgenossenschaft vor allem unter den Aspekten der Information und der Einwilligung beschränkt. Eine Ausweitung der Untersuchung auf die Praxis der Rechtsprechung oder den bundesdeutschen Raum hätte den Rahmen dieser Arbeit bei weitem gesprengt. Diese Dokumente sind zum größten Teil während der vergangenen fünf Jahre verabschiedet worden, geben also sehr aktuelle Rechtsauffassungen wieder. In der folgenden Gegenüberstellung sind Übereinstimmungen und Abweichungen tabellarisch und nach alphabetischer Reihenfolge der beteiligten Kantone geordnet. Zum besseren Verständnis werden folgende Anmerkungen vorweggenommen:

1. Kantone ohne Regelungen zum Patientenrecht
2. In der Gegenüberstellung unberücksichtigte Aspekte
3. Vage Bestimmungen

- **zu 1.: Kantone ohne Regelungen zum Patientenrecht**
  In den Kantonen Appenzell-Innerrhoden, Freiburg, Glarus, Graubünden, Schwyz, Solothurn, Uri, Wallis und Zug liegen Gesetzesdokumente zu den Patientenrechten zum Zeitpunkt dieser Gegenüberstellung noch nicht vor. Nach Aussage der zuständigen Referenten der angefragten Departemente sind solche Gesetze jedoch in den meisten der genannten Kantone zur Zeit in der Vorbereitung. Bei der Ausarbeitung wird häufig auf die Gesetzestexte anderer Kantone Bezug genommen, sodaß insgesamt über die aufgezeigten Unterschiede hinaus nicht mit größeren Abweichungen zu rechnen ist. Die Kantone Waadt, Neuenburg, Genf, Jura und Tessin wurden aus sprachlichen Gründen nicht in die Untersuchung mit eingeschlossen.

- **zu 2.: In der Gegenüberstellung unberücksichtigte Aspekte**
  In dieser Gegenüberstellung blieben diejenigen Aspekte der Ausübung von Selbstbestimmungsrechten der PatientInnen unberücksichtigt, die über den engen Rahmen dieser Arbeit hinausgehen. Dies sind unter anderen das Recht auf Entlassung gegen ärztlichen Rat, das Recht auf Verweigerung einer Routineobduktion, das Recht auf Verweigerung einer Organentnahme bzw. -Transplantation, das Recht auf Einsichtnahme in die Krankenunterlagen sowie die in einigen Kantonen gesondert berücksichtigten Rechte psychisch kranker Menschen.

- **zu 3.: Vage Bestimmungen**
  In einigen Texten wird der Schutz der persönlichen Freiheit der Patienten in vager Formulierung nochmals garantiert, ohne daß diese Begriffe im Sinne einer Ausführungsverordnung hinreichend definiert oder konkretisiert werden[10]. Insofern sind diese Bestimmungen auf der Dekretsebene im Rechtssinne überflüssig, da sie bereits auf der Ebene des Staaten- bzw. Verfassungsrechts in den Menschenrechten garantiert werden. Auf Dekretsebene wären hingegen präzise Rechtsauslegungen zu erwarten

---

[10] vgl. z.B. Art. 55 der Verordnung über die medizinische und betriebliche Organisation der kantonalen Spitäler, psychiatrischen Kliniken und Laboratorien des Kantons St. Gallen.

Tabelle 1: Informations- und Einwilligungsrechte in einzelnen Schweizer Kantonen

Kanton	Informationspflicht über	Einschränkungen der Informationspflicht	Zustimmung	Besonderheiten
Aargau	• Ärzte: Untersuchungen, Eingriffe, Behandlungsmöglichkeiten, Vorteile, Nachteile, Risiken. • Pflegepersonal: Pflege	• wenn sie geeignet ist, den Patienten übermäßig zu belasten	• Untersuchung, Behandlung, medizinische Eingriffe, Pflege • Ausnahme nur in Notfällen	• Mitwirkungspflicht
Appenzell-Außerrhoden	• Untersuchungen, Untersuchungsergebnisse, Behandlungen und Alternativen, Vorteile, Nachteile, Risiken, Behandlungsergebnisse • Kostenfolgen	• Handlungs- bzw. Urteilsunfähigkeit • „gebotene Schonung" • „wenn sofortiges Handeln notwendig ist"	• Zustimmung erforderlich für medizinische und pflegerische Maßnahmen • stillschweigende Zustimmung ist möglich bei „Maßnahmen ohne Eingriffscharakter und einfache diagnostische Eingriffe" • andere Eingriffe bedürfen der ausdrücklichen Zustimmung	• Die Beachtung des Patientenwillens ist oberstes Gebot. • Allfällig konkurrenzierende Vorschrift des Krankenpflegegesetzes, Art. 16, Abs. 2: „Die persönliche Freiheit und Privatsphäre sind zu achten, soweit die Umstände es zulassen." • Mitwirkungspflicht bei Untersuchung, Behandlung, Pflege und Betreuung. • Es wird nicht zwischen den einzelnen Spitaldiensten unterschieden (vor allem ärztliches und Pflegepersonal), stattdessen wird der Begriff „zuständiges Spitalpersonal" verwendet.
Basel-Landschaft	• Ärzte: Untersuchungen, Diagnosen, Therapien und Therapiemöglichkeiten incl. sog. Erfahrungsmedizin, Risiken und Nebenwirkungen, • Ärzte: Prognose mit und ohne Therapie • Pflegende: Pflege • die Krankenanstalten: Patientenrechte	• Handlungs- bzw. Urteilsunfähigkeit • „gebotene Schonung" • „wenn sofortiges Handeln notwendig ist"	• stillschweigende Zustimmung ist möglich bei medizinischen Maßnahmen • ausdrückliche Zustimmung für jede mit „erhöhtem Risiko oder erheblichen physischen/psychischen Belastungen" verbundene Maßnahme.	• § 3, Abs. 2: Jeder Pat. hat das Recht auf Information und Selbstbestimmung • Mitwirkungspflicht bei Untersuchung, Behandlung, Pflege und Betreuung
Basel-Stadt	• Spitalordnung • Rechte und Pflichten • Beschwerdemöglichkeit • Ärzte: Gesundheitszustand, voraussichtlichen Behandlungsverlauf und vorgesehene Heilmaßnahmen jeweils unter Berücksichtigung gewichtiger Vor- und Nachteile	• „gebotene Sorgfalt"	• Für einfache Eingriffe wird die Zustimmung vermutet. • Größere Eingriffe oder solche mit höherem Risiko bedürfen der ausdrücklichen Zustimmung nach erfolgter Aufklärung. • Die Zustimmung sollte in der Regel eine schriftliche Vollmacht sein. • Pflege ist nicht erwähnt.	• Entbindung der Ärzte von der Behandlung ist nur durch Unterzeichnung eines Revers möglich, d.h. nicht zeichnungsfähige Menschen können eine Behandlung im Zweifelsfall nicht ablehnen.

Tabelle 1: Fortsetzung

Kanton	Informationspflicht über	Einschränkungen der Informationspflicht	Zustimmung	Besonderheiten
Bern	• schriftliche Wegleitung: Rechte und Pflichten • Ärzte: Untersuchungen, Eingriffe, Behandlungen und -Möglichkeiten, Vorteile, Nachteile, Risiken, Gesundheitszustand inkl. Prognose und Differentialdiagnosen • Nachbehandlung und Pflege nach Entlassung • Pflegende: Grund- und Behandlungspflege	• Handlungs- bzw. Urteilsunfähigkeit • „gebotene Schonung" • „wenn sofortiges Handeln notwendig ist"	• ausdrückliche Zustimmung ist aufgrund der Negativklausel des Art. 14 nicht erforderlich (nur mediz. Eingriffe). • Pflege ist nicht erwähnt.	• Patientenpflichten: • beitragen zur Heilung • beitragen zur gegenseitigen Information
St. Gallen	• Einführung in Tagesablauf, Wegleitung des Spitals • Diagnose, Behandlungsplan, Risiken	• Handlungs- bzw. Urteilsunfähigkeit • „gebotene Schonung" • „wenn sofortiges Handeln notwendig ist"	• Untersuchung, Behandlung und Pflege unterliegen der Negativklausel des Art. 57. • Bei akuter Lebensgefahr kann die Untersuchung, Behandlung und Pflege durch den Patienten nicht verweigert werden. • Operationen bedürfen der ausdrücklichen Einwilligung. • Sogar die Entlassung kann bei Selbst- und Fremdgefährdung verweigert werden.	• Mitwirkungspflicht bei Untersuchung, Behandlung, Pflege und Betreuung • Weisungsberechtigung der Ärzte gegenüber den Pflegenden hinsichtlich Untersuchung, Behandlung und Betreuung der PatientInnen
Luzern	• Ärzte: Diagnose, Untersuchungen, Eingriffe, Behandlungsmöglichkeiten, jeweilige Vorteile, Nachteile, Risiken, Folgen bei Verweigerung der Behandlung • Pflegende: Pflege	• Handlungs- bzw. Urteilsunfähigkeit • „gebotene Schonung" • „wenn sofortiges Handeln notwendig ist"	• ausdrückliche oder stillschweigende Einwilligung erforderlich für Untersuchung, Behandlung und Pflege	
Nidwalden	• Einführung in Tagesablauf, Wegleitung des Spitals • Namen der Ärzte und Pflegenden • Ärzte: Untersuchungen, Eingriffe, Behandlungen, Vorteile, Nachteile, Risiken, Gesundheitszustand incl. Prognose • Pflegende: Pflege	• Handlungs- bzw. Urteilsunfähigkeit • „gebotene Schonung" • „wenn sofortiges Handeln notwendig ist"	• körperliche Eingriffe, Untersuchungen und Behandlungen unterliegen der Negativklausel des § 75. „Grössere oder mit erheblichen Risiken verbundene Eingriffe" bedürfen der ausdrücklichen Zustimmung.	• Mitwirkungspflicht der Patienten bei Behandlung und Pflege • Die zitierten Texte entstammen dem Dekret über das Kantonsspital und haben nur in diesem Gültigkeit. Andere Institutionen der Gesundheits- und Krankenpflege sind hieran nicht gebunden (z.B. Alten- und Pflegeheime). Ein eigentliches Patientenrechtsdekret existiert im Kanton Nidwalden zur Zeit nicht.

Tabelle 1: Fortsetzung

Kanton	Informationspflicht über	Einschränkungen der Informationspflicht	Zustimmung	Besonderheiten
Obwalden	• Diagnose, Behandlungsplan, Vorteile, Nachteile, Risiken, Heilmittel • schriftlich: Wegleitung mit Rechten und Pflichten • Nachbehandlung (an Hausarzt) und Pflege (an Patient und Angehörige) nach Entlassung	• Handlungs- bzw. Urteilsunfähigkeit • „gebotene Schonung" • „wenn sofortiges Handeln notwendig ist"	• ausdrücklich oder stillschweigend • nicht bei Urteilsunfähigkeit • nicht „in Notfällen"	• Mitwirkungspflicht • Weisungsbefugnis des Arztdienstes gegenüber dem Pflegedienst in medizinischen Belangen • Die Privatsphäre und die Persönlichkeitsrechte sind zu wahren.
Schaffhausen	• Diagnose, Behandlungsplan, Risiken	• Handlungs- bzw. Urteilsunfähigkeit • „gebotene Schonung" • „wenn sofortiges Handeln notwendig ist"	• Zustimmung zu Untersuchung, Behandlung, Operationen und Pflege ist erforderlich. • nicht bei Urteilsunfähigkeit • nicht „in Notfällen"	• Der Text über die zitierten Patientenrechte entstammt dem kantonalen Dekret über die Organisation des Kantonsspitals und hat u.U. nur in diesem Gültigkeit. Andere Institutionen der Gesundheits- und Krankenpflege sind hieran nicht gebunden (z.B. Alten- und Pflegeheime). Ein eigentliches Patientenrechtsdekret existiert im Kanton Schaffhausen zur Zeit nicht.
Thurgau	• Rechte und Pflichten • Tagesablauf der Abteilung • Namen der Ärzte und Pflegenden • Diagnose, Behandlungs- und Pflegeplan, Behandlungsrisiken • Pflege und Behandlung nach der Entlassung	• Handlungs- bzw. Urteilsunfähigkeit • „gebotene Schonung" • „wenn sofortiges Handeln notwendig ist"	• ausdrückliche Zustimmung zum Behandlungsauftrag ist aufgrund der Negativklausel des § 10 Abs. 2 nicht erforderlich. • Pflege wird nicht erwähnt.	• Mitwirkungspflicht der PatientInnen • Ergänzungen auf der Ebene des Gesundheitsgesetzes und auf Verordnungsebene sind zur Zeit in Arbeit
Zürich	• Tagesablauf der Abteilung/des Spitals • Rechte und Pflichten • Namen der Ärzte und Pflegenden • Ärzte: Diagnose, Untersuchungen, Eingriffe: Behandlungsmöglichkeiten, Vorteile, Nachteile, Risiken, Gesundheitszustand incl. Prognose • Pflegende: Pflege	• Handlungs- bzw. Urteilsunfähigkeit • „gebotene Schonung" • „wenn sofortiges Handeln notwendig ist"	• ausdrückliche Zustimmung ist aufgrund der Negativklausel des § 18 nur bei „größeren oder mit erheblichem Risiko verbundenen Eingriffen" erforderlich (nur mediz. Eingriffe). • Pflege ist nicht erwähnt.	

Diskussion

Wie aus der tabellarischen Gegenüberstellung ersichtlich wird, bestehen kantonale Unterschiede in den Möglichkeiten der KrankenhauspatientInnen, ihr Selbstbestimmungsrecht auszuüben. Diese Unterschiede lassen sich in vier Kategorien zuordnen:

1. Geltungsbereich
2. Regelungen zur Informationspflicht
3. Regelungen zur Zustimmung/Genehmigung
4. Regelung der Kompetenzen: ärztliches und Pflegepersonal

Geltungsbereich:
Abgesehen vom Geltungsbereich des Kantons, in dem PatientInnen in Pflegeeinrichtungen aufgenommen werden, bestehen auch Unterschiede zur Geltung in den einzelnen Pflegeeinrichtungen. Je nach Gesetzesrang (zum Beispiel kantonales Patientendekret oder Verordnung für ein Kantonsspital) haben die PatientInnenrechte nur in den im Gesetz namentlich genannten Pflegeeinrichtungen Geltung, nicht aber in den nicht Genannten. So gibt es zwar im Kanton Nidwalden nur ein Spital, das gleichzeitig Kantonsspital ist und in dem die PatientInnen die gesetzlich verbrieften Rechte haben und natürlich einklagen könnten. Diese Verordnung gilt jedoch in den zahlreichen anderen Pflegeinstitutionen (z.B. Pflegeheime, Gemeindepflege) innerhalb des Kantons Nidwalden nicht. Dies bedeutet nun nicht, daß den PatientInnen diese Rechte nicht vielleicht doch eingeräumt würden, allerdings hätten aber die PatientInnen bei allfälligen Verletzungen ihrer Rechte möglicherweise keine ausdrückliche rechtliche Handhabe, um diese einzuklagen. In diesen Fällen wären sogenannte Rechtsinstitute wie zum Beispiel das Gewohnheitsrecht heranzuziehen. Im Kanton Aargau hingegen werden ausdrücklich alle, auch die privaten „Heilanstalten" des Kantons, zum Geltungsbereich des Patientendekretes erklärt (§ 1.1 – 1.3).

Regelung zur Informationspflicht

- **Rechtskonzept: Information**
  Hierunter ist die Übermittlung von Tatsachen zu verstehen, die in unmittelbarem Zusammenhang mit dem folgenden Rechtsakt (hier: dem Rechtsakt der Zustimmung) steht. Die Übermittlung und Verarbeitung von Informationen setzt die Fähigkeit zur sprachlichen Verständigung sowie gewisse kognitive Fähigkeiten der beteiligten Partner voraus.
  Im Spitallalltag werden genau durch diese beiden Umstände bereits enge Grenzen der praktischen Handhabbarkeit gesetzt, wodurch gleichzeitig eine meines Erachtens bedenkliche Kumulation von Entscheidungsmacht in der Person der behandelnden ÄrztInnen geschieht:

Einerseits stehen PatientInnen und Patienten nicht nur unter dem sie in der Regel psychisch belastendenden Eindruck ihres Krankheitsgeschehens im Sinne einer Krisensituation, sondern auch häufig unter dem Einfluß von Medikamenten, die die kognitiven oder sprachlichen Fähigkeiten beeinträchtigen. Auch das Krankheitsgeschehen selber kann natürlich derartige Beeinträchtigungen mit sich bringen, wie z.b. cerebrale Prozesse oder eine Reihe von Kommunikationsstörungen.

Andererseits ist der ärztliche Dienst nicht nur Inhaber der Informationsinhalte, sondern noch gleichzeitig Diagnosesteller und auch noch ausführendes Organ der Informationsvermittlung. Daraus ergibt sich eine Monopolstellung des Arztdienstes: Sowohl die Entscheidung darüber, ob der Patient/die Patientin zur Kommunikation und zur Informationsverarbeitung fähig ist, die Entscheidung über die Verabreichung von allenfalls psychisch wirksamen Medikamenten oder sonstigen Therapien, die Entscheidung über die Selektion der Informationsinhalte sowie über die Art und Weise der Durchführung der Information vereinigt sich in der Regel in einer einzigen Person. Im Klinikalltag führt diese Konstellation zu den hinlänglich bekannten (und im Kapitel „Ethik" angerissenen) Konfliktsituationen zwischen ärztlichem und Pflegedienst. Im Gesetzestext wird diese Problematik durch Aussagen über die Handlungs-bzw. Urteilsunfähigkeit[11] und zur „gebotenen Schonung" der Kranken in der Sichtweise des mechanistisch-medizinischen Paradigmas[12] zementiert.

- **Unterschiedliches Recht auf Information**
Das Recht auf Information steht in den verglichenen Gesetzesvorschriften theoretisch allen PatientInnen zu. Große kantonale Unterschiede bestehen aber in der Frage, *welche* Informationen und *von wem* diese zu geben sind. Hier lassen sich drei Subkategorien bilden: Informationen über medizinische Belange, Informationen über pflegerische Belange und strukturelle Informationen.
Die Information über medizinische Belange wird in allen zwölf verglichenen Kantonen gewährleistet, hiermit ist die Information der PatientInnen über ihre Diagnose, den Behandlungsplan und die Risiken gemeint. Darüberhinaus werden in vielen Kantonen noch differenziertere Informationspflichten abverlangt, indem z.B. auch über die Vor- und Nachteile einer Behandlung, die Prognose oder mögliche alternative Behandlungsmethoden informiert werden muß. Obwohl dies nicht immer explizit angegeben wird, ist dieser Bereich der Informationsabgabe dem ärztlichen Dienst zugeordnet. Es ist rechtstheoretisch aber durchaus denkbar, daß auch Pflegende einen Patienten über medizinische Belange informieren in jenen Kantonen, in denen die Informationsgabe nicht ausdrücklich durch den Arzt vorgeschrieben ist. Der Gesetz- bzw. Verordnungsgeber überläßt die Regelung den Institutionen, sprich den Spitälern. Allerdings sind hier die Organisationsstrukturen und Gewohnheitsrechte traditionell so

---

[11] siehe unter „Regelungen zur Zustimmung / Genehmigung"
[12] vgl. Aggleton / Chalmers (1989), Heering, C. (1993 und 1994)

angelegt, daß der Pflegedienst dem ärztlichen Dienst weisungsunterstellt ist, sodaß im Erfolg diese Aufgabe doch dem ärztlichen Dienst obliegt. In der zweiten Subkategorie, den pflegerischen Belangen hingegen, muß nur in sechs der zwölf untersuchten Kantone informiert werden. Es ist Gefahr und Herausforderung zugleich, daß der Begriff „Pflege" nicht weiter definiert oder umschrieben wird. Lediglich der Kanton Bern legt sich mit den im traditionellen Pflegeverständnis gebräuchlichen Begriffen „Grund- und Behandlungspflege" fest. In diesen sechs Kantonen wird auch vorgeschrieben, daß die Information über die Pflege auch von den Pflegenden gegeben wird.

Die dritte Subkategorie betrifft strukturelle Informationen wie solche über die Patientenrechte selbst, die Namen und die Funktionen der Ärzte und Pflegepersonen, die Hausordnungen oder den Tagesablauf der betreffenden Abteilungen. Die Art und Weise der Informationsabgabe ist dabei entweder nicht näher vorgeschrieben oder hat durch Abgabe einer schriftlichen Wegleitung zu geschehen.

- **Einschränkungen des Rechtes auf Information**
Die genannten Einschränkungen der Informationspflicht sind rechtlich gesehen keine „echten" Einschränkungen, sondern Ergänzungen. So ist bei (lebensbedrohenden) Notfällen die Information grundsätzlich nachzuholen. Bei handlungs- bzw. urteilsunfähigen PatientInnen ist vorgesehen, daß deren gesetzliche Vertreter zusätzlich informiert werden, somit die Information der PatientInnen selbst nach wie vor persönlich zu geschehen hat. Die klinische Erfahrung zeigt mir allerdings eher, daß handlungs- bzw. urteilsunfähige PatientInnen gar nicht informiert werden, sondern eher deren Angehörige.

Regelungen zum Selbstbestimmungsrecht
Zum besseren Verständnis werden an dieser Stelle zunächst die rechtliche Bedeutung der zugrundeliegenden Rechtskonzepte der Zustimmung/Genehmigung sowie der Handlungs- und Urteilsfähigkeit erläutert.

- **Rechtskonzept: Zustimmung/Genehmigung**
Das Rechtskonzept der Zustimmung entstammt dem Obligationen- oder Schuldrecht, also dem Bereich der privaten Verträge zwischen rechtsfähigen Personen. Hierunter ist im Rechtssinne die Abgabe einer Willenserklärung als Reaktion auf ein Angebot eines potentiellen Vertragspartners zu verstehen, wodurch ein Vertrag mit gegenseitig geschuldeten Rechten und Pflichten zustandekommt. Die Rechtsvoraussetzungen dafür sind also ein potentiell zustimmungsfähiges Angebot des einen Partners, der Wille, dieses Angebot anzunehmen sowie die Erklärung dieses Willens durch den anderen Partner. Jede einzelne dieser drei Voraussetzungen kann mit Rechtsmängeln behaftet sein, auf die hier nicht näher eingegangen werden kann. Das Vorliegen eines solchen Rechtsmangels führt in der Regel zur Nichtigkeit des geschlossenen Vertrages und zur Unwirksamkeit der Vertragspflichten. Von Bedeutung ist aber in diesem Zusammenhang das Rechtskonzept der Handlungsfähigkeit:

- **Rechtskonzept: Handlungsfähigkeit**
Die Handlungsfähigkeit ist die Fähigkeit, „durch seine Handlungen Rechte und Pflichten zu begründen"[13]. Die Handlungsfähigkeit bildet damit die Grundlage, um Verträge eingehen zu können. Voraussetzungen der Handlungsfähigkeit sind Mündigkeit und Urteilsfähigkeit. In der Schweiz erlangt eine Person die Mündigkeit auf drei Wegen: durch Vollendung des 20. Lebensjahres (Art. 14.1 ZGB)[14], durch Heirat (Art. 14.2 ZGB) oder durch gemeinschaftliche Mündigerklärung der Vormundschaftsbehörde und der Eltern ab dem 18. Lebensjahr (Art. 15.1 ZGB). Personen, die diese Voraussetzungen nicht erfüllen, also beispielsweise unverheiratete Jugendliche unter 18, sind deshalb rechtlich nicht handlungsfähig und können keine Verträge (zum Beispiel einen Behandlungsvertrag im Krankenhaus) eingehen, die ihnen Pflichten auferlegen wie zum Beispiel die Pflicht, an der Behandlung mitzuwirken. Sie müssen dabei vertreten werden, in der Regel durch die Eltern. Die Urteilsfähigkeit ist im Gesetz per exclusionem (durch Ausschluß) geregelt: „Urteilsfähig ist ein jeder, dem nicht wegen seines Kindesalters, oder infolge von Geisteskrankheit, Geistesschwäche, Trunkenheit oder ähnlichen Zuständen die Fähigkeit mangelt, vernunftgemäß zu handeln." (Art. 16 ZGB). Wie bereits oben dargelegt, ergibt sich hieraus eine gewisse Problematik, da auch die Feststellung der Urteilsunfähigkeit (gemäß den Regelungen in den Gesundheitsgesetzen) in der Regel durch Medizinalpersonen, sprich ÄrztInnen, zu erfolgen hat. Pflegende sind hiervon explizit oder stillschweigend ausgenommen, da sie nicht zu den Medizinalpersonen rechnen.
Der Hauptmangel bei Willenserklärungen wie z.b. einer Zustimmung zu einer Behandlung liegt im Klinikalltag in der Person des Zustimmenden. Dies entweder dadurch, daß Mängel im Willen selber bestehen als Folge psychischer oder kognitiver Einschränkungen der Person oder aber, daß die Erklärung des Willens aufgrund von Einschränkungen der kommunikativen Fähigkeiten nicht hinreichend ist.
Der Begriff der Zustimmung ist zu unterscheiden von dem der Genehmigung: Eine Zustimmung hat *vor* dem zustimmungspflichtigen Ereignis (zum Beispiel einem diagnostischen Eingriff) zu geschehen, unter einer Genehmigung hingegen versteht man im Rechtssinne eine *nachträgliche* Zustimmung. Dies bedeutet, daß dort, wo im Gesetzestext der Begriff Zustimmung verwendet wird, ausdrücklich eine vorgängige Einwilligung verlangt ist.

---

[13] Schweiz. Zivilgesetzbuch, Art. 12
[14] Neufassung ab 1995: ab dem 18. Lebensjahr

• **unterschiedliche Regelungen der Zustimmung**
Die erste Subkategorie betrifft die sogenannten „Negativklauseln". Hierbei handelt es sich um solche Vorschriften, die von einer stillschweigenden Zustimmung der PatientInnen ausgehen zu allem, was mit ihnen geschehen soll, außer, wenn die PatientInnen ihre Zustimmung ausdrücklich entziehen. Diese Negativklauseln finden sich zwar besonders in denjenigen kantonalen Vorschriften, die eine ausführliche und differenzierte Information der PatientInnen vorschreiben. Meines Erachtens ist aber eine solche Regelung aus der ethischen und aus der partizipativen Sicht äußerst fragwürdig, da sie die Hemmschwelle, die die PatientInnen überwinden müssen, erheblich höher setzt als dies im von Abhängigkeit geprägten Beziehungsgefälle ohnehin schon der Fall ist. Auch wenn diese Negativklausel zwar hinsichtlich sogenannter „größerer oder mit erheblichen Risiken verbundener Eingriffe" eine Einschränkung erfährt, ist damit immer noch eine zutiefst paternalistische Haltung verbunden, zumal die Pflege (die ja durchaus mit erheblichen Belastungen der PatientInnen verbunden sein kann) in diesen Vorschriften überhaupt nicht erwähnt wird.

In die zweite Subkategorie fallen diejenigen Vorschriften, die eine ausdrückliche Zustimmung der PatientInnen zu Diagnostik, Behandlung und Pflege einfordern. Dies betrifft aber nur die beiden Kantone Schaffhausen und Aargau. Meines Erachtens ist eine solche Zustimmungsregelung aus einem partizipativen und demokratischen Pflegeverständnis heraus grundsätzlich für alle Kantone zu fordern. Es ist Aufgabe der Berufsverbände, entsprechende Petitionen auszuarbeiten und auf den politischen Weg zu bringen.

Regelung der Kompetenzen: ärztliches und Pflegepersonal

Es konnte bisher gezeigt werden, daß die Patientenrechte hinsichtlich Selbstbestimmungs- und Informationsrecht erheblich differieren. Für die Anwendung dieser Rechte im Alltag ist aber, wie bereits angedeutet, die Untersuchung der Kompetenzen der anwendenden Personen von Bedeutung.

In den neueren Gesundheitsgesetzen ist in einer Subkategorie die Tendenz festzustellen, den Pflegeberuf aus der Abhängigkeit zum Arztberuf herauszulösen. Dies zeigt sich nicht nur in der Gesetzesstruktur, sondern auch in konkreten -Inhalten. Die Gesetzesstruktur behandelt Pflegende neuerdings in einem anderen, getrennten Rechtsabschnitt, der meist mit „andere Berufe des Gesundheitswesen" bezeichnet ist. In den vorhergehenden Gesetzen waren Pflegende, soweit ihr Beruf überhaupt erwähnt wurde, als „medizinisches Hilfspersonal" bezeichnet worden, was eine Weisungsgebundenheit an den Arztdienst implizierte. Auf der Ebene der Gesetzesinhalte kommt dies besonders in den Vorschriften über die Information der PatientInnen zum Ausdruck, wenn beispielsweise formuliert ist: „Das Pflegepersonal informiert den Patienten ... über die Pflege" (PD Kanton Aargau, § 11.4). Dies ist immerhin in fünf von zwölf untersuchten Kantonen der Fall.

Die zweite Subkategorie betrifft Kantone, deren Rechtsvorschriften offenlassen, durch wen diese umgesetzt werden müssen. So heißt es zum Beispiel: „Der Patient hat ein Anrecht auf Information über ...", ohne daß bestimmt wird, wer die Information durchführt. Dies darf natürlich nicht darüber hinweg täuschen, daß in diesen Fällen häufig die Organisationsstruktur der betreffenden Pflegeinstutionen den Arztdienst als vorgesetzte Instanz des Pflegedienstes versteht. Immerhin bestehen aber naturgemäß auf der internen Ebene eines Spitals für Pflegende mehr Veränderungsmöglichkeiten als auf der Ebene der Gesetzesvorschriften.

Eine dritte Subkategorie bilden diejenigen Gesetze, die die Abhängigkeit der Pflegeberufe vom Arztdienst weitergeführt wissen wollen. Im Kanton St. Gallen beispielsweise kommt dies zwar nicht im Patientendekret, aber im Gesundheitsgesetz zum Ausdruck, wo dem Arztdienst die Weisungsbefugnis nicht nur für Untersuchung und Behandlung , sondern sogar für die „Betreuung" der PatientInnen zugesprochen wird. Dies stellt in meinen Augen eine Überforderung der ÄrztInnen dar, die ja eine medizinische und keine pflegerische Berufsausbildung absolviert haben, hier aber gesetzlich gefordert sind, berufsfremden Tätigkeiten vorzustehen. Auch hier ist es Aufgabe der Berufsverbände, auf diese Ungereimtheit hinzuweisen und auf politischem Wege eine Veränderung einzuleiten.

Schlußfolgerungen

Auf der Ebene des Staaten- und des Verfassungsrechtes wurden eine Reihe von Vorschriften vorgestellt, die eigentlich allen KrankenhauspatientInnen Information und Selbstbestimmung garantieren. Aus dem Vergleich der Patientenrechte auf Dekretsebene ergeben sich allerdings nicht die erwartbaren einheitlichen Patientenrechte, weder in Bezug auf die Selbstbestimmung noch in Bezug auf das Recht, informiert zu werden. Die Tatsache, daß diese Rechte nur in wenigen Kantonen sehr weitgehend ausformuliert sind, darf aber nicht zu der irrigen Annahme verleiten, daß diese Rechte nicht dennoch bestehen. Rein rechtlich gesehen, ist also sowohl die Selbstbestimmung als auch die Information der PatientInnen garantiert, wenn auch die konkrete Einklagbarkeit im Einzelfall weniger gegeben sein kann. Die in diesem Zusammenhang zu stellende Frage nach der konkreten Umsetzung der Rechte muß im Rahmen dieser Arbeit offenbleiben. Untersuchungen wie zum Beispiel jene von Leino-Kilpi/Kurittu (1995) lassen aber befürchten, daß die Rechte auf Information und Selbstbestimmung auch hierzulande nicht hinreichend gewährt werden. Hier wäre weitere Forschung nötig.

Für Pflegende lassen sich daraus keine eindeutigen Handlungsanforderungen ableiten. Es ist aber herauszustellen, daß Pflegende einerseits aufgrund der hierarchisch hochstehen Vorschriften des Staaten- und Verfassungsrechtes sowie andererseits aufgrund dienstlicher und hauseigener Vorschriften in jedem Fall die

Information und Selbstbestimmung in Bezug auf die Pflege ihrer PatientInnen zu gewährleisten haben. Konflikte können sich insbesondere dann ergeben, wenn andere Dienste, insbesondere der ärztliche Dienst, sich über diese Vorschriften mit Wissen der Pflegenden und zum Nachteil der PatientInnen hinwegsetzen. Rechtlich gesehen, sind den Pflegenden in diesen Situationen meistens die Hände gebunden: Sie haben aufgrund eingeschränkter beruflicher Kompetenzen nicht das Recht, sich in das Verhältnis Arzt-Patient einzumischen. Pflegende sollten sich daher sehr genau über die Rechtsvorschriften des Kantons, in dem sie jeweils praktizieren, informieren.

Darüberhinaus wurde ersichtlich, daß das „neue" Verständnis von Pflege, wie es in den Neuen Ausbildungsbestimmungen des Schweizerischen Roten Kreuzes zum Ausdruck kommt, in die meisten kantonalen Vorschriften über Patientenrechte noch nicht hinreichend Eingang gefunden hat. Den Pflegenden und ihren Interessenvertretungen bietet sich jetzt im Rahmen der Implementierung der Neuen Ausbildungsbestimmungen die Chance, mehr Einfluß auf die Gesetzesgestaltung zu nehmen, dies natürlich vor allem zunächst in denjenigen Kantonen, in denen die Revision der Gesundheitsgesetzgebung noch nicht abgeschlossen ist. Insofern ließe sich der im Kapitel „Ethische Perspektive" diskutierte Ansatz der „*advocacy*" noch mit einem weiteren Gedanken ausstatten: Daß nämlich Pflegende aus einem gewachsenen ethischen Bewußtsein heraus, das sich von dem der Bioethik in einigen markanten Punkten unterscheidet, als Fürsprecher der Gepflegten auf der Ebene der Legislative, anstatt auf der Ebene der Exekutive, auftreten, um eine Verbesserung von deren Rechtsstellung zu erreichen.

Die ethische Perspektive

Zur Beantwortung der Frage, welche ethischen Konzepte und Theorien im Zusammenhang mit Information und Selbstbestimmung von Bedeutung sind, wird der Versuch unternommen, den theoretischen Bezugsrahmen der pflegerischen Ethik zu umreißen. Um die Entstehung eines modernen, partizipativen Pflegeverständnisses und die im Kapitel „Partizipation" erstellte Arbeitsdefinition von Partizipation nachvollziehbar werden zu lassen, werden zunächst zwei klassische theoretische Ansätze der (Bio-)Ethik mit den sich daraus ergebenden Anforderungen an die Beziehung zwischen Pflegenden und Gepflegten vor dem Hintergrund ihrer geschichtlichen und philosophischen Entwicklung diskutiert. Im Anschluß daran wird eine Einführung in die sogenannte Beziehungsethik gegeben, die ein anderes Licht auf moralisches Handeln in der Pflege wirft. Es kann gezeigt werden, daß die Dimensionen des „caring" (engl.: „sich sorgen für") sowie der „advocacy" (engl.: „einstehen für") eine geeignete Grundlage für eine veränderte Gestaltung der Beziehung zwischen Pflegenden und Gepflegten in Bezug auf die Wahrung, den Schutz und die Förderung von Selbstbestimmung und Information darstellt.

Etymologie des Begriffes

Der Begriff „Ethik" leitet sich aus dem griechischen Wort εδοζ bzw. ηδοζ „ethos" = „Gewohnheit, Herkommen (im Sinne von Wohnung), Gesinnung, Charakter" ab[15, 16]. Das formale Objekt der Ethik ist die Frage nach den Werthaltungen der Menschen bzw. die Unterscheidung des „Guten" vom „Bösen oder Schlechten".

Seit Aristoteles wird der Begriff „Ethik" oder „ethisch" in zwei Bedeutungen gebraucht:

1. zur Bezeichnung der Wissenschaft und
2. zur Bezeichnung des Gegenstandes, also der Moral oder Sittlichkeit.

Im Folgenden gebrauche ich aus Gründen der besseren Verständlichkeit die Begriffe „Ethik" und „ethisch" in Bezug auf die Wissenschaft, die Begriffe „Moral" und „moralisch" in Bezug auf den Gegenstand.

Angewandte Ethik läßt sich im heutigen Wissenschaftsverständnis in drei Formen unterscheiden:[17]

1. der normative oder auch preskriptive Ansatz,
2. der beschreibende oder auch deskriptive Ansatz und
3. die Metaethik.

Die ersten beiden Ansätze werden im Folgenden mit ihren Implikationen für moralisches Handeln in der Pflege diskutiert. Der dritte Ansatz, die Metaethik, analysiert die Sprache moralischer Aussagen und die Formen oder Kategorien moralischen Handelns. Da sich meine Untersuchung mit pragmatischen Überlegungen und nicht mit Metatheorie befaßt, wird dieser Ansatz im Folgenden nicht weiter ausgeführt.

Normative Ethik

Der normative oder auch preskriptive Ansatz gibt bestehende und teilweise als universell angesehene Normen und/oder Denkprinzipien für „gutes Verhalten"

---

[15] Duden (1989), Herkunftswörterbuch
[16] Furger (1975), p 12
[17] nach Amelung (1992), Eigel (1984); Fry (1994); Furger (1975); Tschudin (1988) u.a.

gewissermaßen als Leitgedanke im Sinne eines „Moralprinzips"[18] vor (preskriptiv = vorschreibend). Diesem Ansatz sind z.b. die Ethiken verschiedener Wissenschaftsdisziplinen, Glaubenslehren, gesellschaftlich relevanter Themengebiete oder Problemkreise zuordbar, z.b. die Ethik der Gentechnologie, die Bioethik, christliche Ethik etc. Fry (1994) unterscheidet drei Wege, ethische Theorien zu klassifizieren[19], und zwar die Klassifizierung nach Epochen, nach Kulturräumen und nach Inhalten/Zielen:

1. Die Klassifizierung nach Epochen:

1. Klassische Theorien wie z.b. der Hedonismus, bei dem das „Angenehme" den Sinn des Lebens ausmacht, oder den Stoizismus mit den stoischen Tugenden des Mutes, der Unerschütterlichkeit und der Pflichttreue[20].
2. Moderne Theorien wie z.b. den Naturalismus, nach dem gute oder schlechte Werte auf (natur-)wissenschaftliche Konzepte zurückgeführt werden können, oder den Emotivismus, nach dem moralische Entscheidungen nicht durch wissenschaftliche Methoden verifizierbar oder falsifizierbar sind, weil sie auf Emotionen beruhen.

2. Die Klassifizierung nach Kulturräumen:

1. Westliche Theorien, die auf europäischen oder amerikanischen Philosophien beruhen und maßgeblich durch die jüdische und die christliche Theologie beeinflußt wurden. Hierunter lassen sich z.b. Naturalismus und Utilitarismus einreihen.
2. Östliche Theorien des asiatischen Raumes wie z.b. den Konfuzionismus.

3. Die Klassifizierung nach Inhalten/Zielen:

1. Konsequenzielle Theorien wie den Utilitarismus
2. Nicht-konsequenzielle Theorien wie die Deontologie

---

[18] Höffe (1986), p 183
[19] Fry (1994), pp 25
[20] Störig (1981), pp 199

Nach Höffe (1986) lassen sich vier Richtungen normativer Ethik unterscheiden:

1. Die theologische Ethik, in der der Wille des (jeweiligen) Gottes das oberste Moralprinzip darstellt;

2. die individualistische oder egoistische Ethik, die den Hobbesschen Gedanken des autonomen Individuums zur Prämisse macht: Danach bekämpfen sich Menschen im Interesse ihrer jeweiligen Wahrheiten, um Sicherheit vor ihrer Todesfurcht zu erlangen, oberstes Moralprinzip ist die individuelle Wahrheit oder die Macht[21].

3. Der Utilitarismus erhebt das Wohlergehen aller oder möglichst vieler Betroffenen, also die Nützlichkeit, zum obersten Moralprinzip. Danach wird eine Handlung nach ihren Folgen bewertet, nicht hingegen die Handlung selbst (zielorientiert: teleologisch).

4. Im Gegensatz dazu steht die Deontologie oder Pflichtenlehre, die moralisches Handeln unbeachtlich der Folgen nur an sittlichen Geboten ausrichtet.

Utilitarismus und Deontologie spielen in der gegenwärtigen Bioethik und damit auch im Verständnis der Pflegenden eine dominante Rolle[22]. Im Folgenden wird deshalb näher darauf eingegangen und ihre Bedeutung für eine partizipative Beziehungsgestaltung zwischen Pflegenden und Gepflegten untersucht.

Utilitarismus

Prinzipien des Utilitarismus
Der Utilitarismus gründet sich auf die These, daß der Mensch auf der Suche nach möglichst viel Glück oder Angenehmen ist. Dieser Ansatz läßt sich in das hedonistische Griechenland zur Zeit des Aristoteles zurückführen[23], gewann aber in der Form des Utilitarismus durch Rationalisten wie Jeremy Bentham, John Stuart Mill und Henry Sidgwick erst ab dem 18. Jahrhundert an großer Bedeutung[24].

---

[21] Schneider (1989), p 366
[22] vgl.Beauchamp / Childress (1983); Fry (1994); SBK (1990 A); Tschudin (1988)
[23] Höffe (1986), p 183, Baumann-Hölzle (1990)
[24] Amelung (1992), pp 60; Baumann-Hölzle (1990), pp 181

Auf diese drei Autoren lassen sich die fünf Prinzipien des Utilitarismus in der Hauptsache zurückführen:

1. das Konsequenzprinzip: die Orientierung am Erfolg der Handlung
2. das Prinzip des „möglichst viel Glück für möglichst viele": „hedonistisches Kalkül"
3. das Prinzip der Nützlichkeit: Utilitätsprinzip. Damit das hedonistische Prinzip erfüllt werden kann, muß Glück meßbar, quantifizierbar werden. Mit dieser Meßbarkeit eng verbunden sind:
4. das Altruismusprinzip: Der Nutzen orientiert sich am Nutzen für alle, also nicht am (egoistischen) Nutzen für Einzelne;
5. das Rationalitätsprinzip, das voraussetzt, daß moralisch richtiges Verhalten und Handeln explizit logisch abgeleitet, deduziert werden kann.

Formen des Utilitarismus
Aufgrund dieser Prinzipien lassen sich zwei Formen des Utilitarismus unterscheiden:

1. der Handlungs- oder Akt-Utilitarismus
2. der Regel- oder Pflicht-Utlitarismus.

zu 1.:
Der Handlungs- oder Akt-Utilitarismus stellt die Orientierung am Handlungsziel, also das Konsequenzprinzip, in den Vordergrund[25]. Der Handlungsutilitarismus läßt sich zudem in verschiedenen Varianten durchspielen, je nachdem, welches Gewicht den übrigen vier Prinzipien zugemessen wird. Eine der bekanntesten ist der sogenannte Nutzensummenutilitarismus, dem eine Addition der feststellbaren „Glückswerte" im Sinne einer Güterabwägung zugrunde liegt. Eine weitere Variante stellt der Durchschnittsnutzenutilitarismus dar, bei dem es „auf die Maximierung des durchschnittlichen Nutzens aller Beteiligten ankommt"[26]. Das Denkschema des Utilitarismus ist in all diesen Varianten das Gleiche: Es werden Voraussagen für den Erfolg der Handlung, sowohl für alle Betroffenen als auch für alle fünf Prinzipien, getroffen. Danach erfolgt eine „Schlußrechnung", aufgrund derer diejenige Handlungsvariante gewählt wird, die im Erfolg die meisten positiven „Glückswerte" verspricht. Tschudin (1988) drückt dies so aus: „Jeder sollte sich so verhalten, daß seine Handlung ein Maximum an Glück und ein Minimum an Leid für alle Betroffenen hervorbringt.[27]

---

[25]   vgl. Beauchamp / Childress (1983) pp 31; SBK (1990 A), p 22
[26]   Baumann-Hölzle (1990), p 184
[27]   zitiert in: SBK (1990) A, p 22

zu 2.:

Der Regelutilitarismus leitet sich ab aus dem Nützlichkeitsprinzip und dem Prinzip des hedonistischen Kalküls. Er besagt, daß empirisch gewonnene Einsichten über Nützliches zu Regeln für moralisches Handeln erhoben werden können. Beispiele für solche Regeln sind „lüge nicht (weil es nützlich ist, nicht zu lügen)" oder „stehle nicht (weil es nützlich ist, nicht zu stehlen)". Die Befolgung dieser Regeln sollte „ein Maximum an Glück für alle zu Folge haben"[28]. Obwohl durch die Befolgung von Regeln eine Verwandschaft mit der Deontologie nahegelegt wird, unterscheiden sich beide dadurch, daß die Regel-Deontologie auf die Folgen einer Regelbeachtung keinerlei Rücksicht nimmt.

Bedeutung des Utilitarismus

Entscheidungen über die Verteilung von knappen Ressourcen liegen meist utilitaristische Überlegungen zugrunde. Beispielhaft zu erwähnen ist die Zuteilung von staatlichen Geldern im Gesundheits- und im Sozialwesen. Dabei wird von den Entscheidungsträgern angenommen, daß in der Bevölkerung weitgehend Einigkeit darüber herrscht, daß es beispielsweise „unter dem Strich gut" ist, eine extrem kostenaufwendige Lebertransplantation nur bis zu einem maximalen Alter von 65 Jahren durchführen zu lassen. Auch der Triage-Gedanke der Katastrophen-Medizin oder einer Notfall-Station in einem Akutspital entspringt einem utilitaristischen Ansatz, wiederum unter der Prämisse, daß es summarisch gut ist, Schwerstverletzten mit schlechter Prognose und Sterbenden keine oder nur noch eine Minimalbehandlung zukommen zu lassen zugunsten einer größeren Anzahl von Menschen mit voraussichtlich guten Genesungschancen. Bereits wird auf die Kritik, daß ja das Lebensalter allein kein gültiges Kriterium für den Kostenentscheid bei lebensrettenden Eingriffen sein sollte, utilitaristisch reagiert, indem sich in den USA eine große Forschergruppe mit der Entwicklung einer Skala für „quality adjusted lifeyears" (QAL) befaßt.[29] [Unter „Triage" versteht man die Einteilung in drei Kategorien:

1. wahrscheinlich erfolgreich behandelbar = 1. Priorität
2. möglicherweise erfolgreich behandelbar = 2. Priorität
3. wahrscheinlich nicht erfolgreich behandelbar: = 3. Prio. (also „sterbend")
   Anm. d. Bearb.]

Auch in der medizinisch-pharmakologischen Forschung wird in Experimentalstudien die Gesundheit, das Wohlergehen oder das Leben von pflanzlichen, tierischen und menschlichen Probanden riskiert unter der Annahme, daß es gut ist, als Erfolg z.B. ein potentes Medikament gegen AIDS zur Verfügung zu haben. Die lauter werdenden und sich ausdehnenden Proteste in weiten Kreisen der Bevölkerung weisen darauf hin, daß die ethische Diskussion über den Wert oder Unwert solcher Forschung erst begonnen hat. Es macht den Anschein, als ob die Diskussion über die Frage, ob in wissenschaftlichen Versuchen ein „höheres"

---

[28] Tschudin (1988), in: SBK (1990 A), p 22
[29] Weß (1994)

und den Patientenrechten allenfalls übergeordnetes Gut zu sehen sei, erneut bewußt nur in Wissenschaftskreisen und damit unter Ausschluß einer unbequemen Öffentlichkeit geführt wurde. Dabei ist besonders die Gentechnologie zu erwähnen, die seitens ihrer Befürworter große Fortschritte in der Diagnostik und Behandlung heute noch unheilbarer Krankheiten verspricht, während ihre Gegner auf nicht einschätzbare Bedrohungen der Existenz, der Gesundheit und vor allem moralischer Werte wie die Integrität menschlicher Würde oder der Artenvielfalt hinweisen[30].

Kritik des Utilitarismus
Die Hauptkritik am utilitaristischen Ansatz richtet sich auf drei Aspekte:

1. Auf den rationalistischen Ansatz, insbesondere auf die fragwürdige Quantifizierbarkeit von Qualität bei solchen Werten wie Glück/Unglück oder gut/schlecht,

2. auf die, infolge mathematisch deduzierter Denkschritte, unberücksichtigte Dimension der Beziehungen der Menschen zueinander und die Gerechtigkeit bei der Verteilung von Glück, und

3. auf die praktische Durchführbarkeit des Ansatzes in ungeplanten Situationen[31].

Beispiel zu 1.:
Ich sage zu einem Patienten: „Dies ist eine Tablette mit Paracetamol gegen Ihre Schmerzen, es wird in etwa einer halben Stunde wirken" und verabreiche ihm dabei ein Placebo. Nach einer halben Stunde gibt der Patient mir an, daß die Schmerzen weg seien[32].

Wird in diesem Beispiel von einem funktionellen Verständnis des „Guten" ausgegangen, ließe sich sagen: „Es ist gut, weil es therapeutisch sinnvoll ist, keine Schmerzen mehr zu haben." Mit einem hedonistischen Verständnis des „Guten" läßt sich sagen, „es ist gut, weil es angenehm ist, keine Schmerzen mehr zu haben."

Gleichzeitig ist aber festzustellen, daß der Effekt der Schmerzlinderung auf dem Placeboeffekt beruht, der nur greift, wenn der Betroffene nicht nur nicht weiß, daß er ein Placebo erhält, sondern von mir bewußt belogen wird, damit er im festen Glauben ist, ein wirksames Medikament zu bekommen. Das „Gute" der Schmerzlinderung wurde also mit dem „Schlechten" einer Lüge erkauft, das Gebot der Benefizienz erhielt einen höheren Wert als das Gebot der Wahrhaftigkeit. Vor dem Hintergund eines Pflegeverständnisses, in dem die von Vertrauen geprägte pflegetherapeutische Beziehung zwischen Klient und mir als Pflegeperson die Grundlage pflegerischen Handelns ist, wäre ein solches unaufrichtiges

---

[30] vgl. Baumann-Hölzle (1990)
[31] vgl. Baumann-Hölzle (1990) zum „naturalistischen Fehlschluß" p 194
[32] Beispiel nach Kesselring (1995)

Verhalten schwer vorstellbar; obschon zwar in unserem westlichen Kulturkreis wahrscheinlich die meisten Menschen auf Befragung angeben würden, daß sie das Vorgehen im Fallbeispiel für „gut" halten, weil wir in einer hedonistischen und gleichzeitig funktionell orientierten Gesellschaft leben, in der es als nicht gut gilt, Schmerzen erleiden zu müssen. Menschen mit einer stoizistischen oder fatalistischen Grundeinstellung hingegen würden dem eher widersprechen, ebenso wie Menschen, denen die Wahrheit mehr gilt als die Schmerzfreiheit.

Beispiel zu 2.:
Das utilitaristisch angelegte britische Gesundheitswesen machte im März 1995 von sich reden, als es einem leukämiekranken, zwölfjährigen Mädchen die Kostenübernahme für eine Knochenmarktransplantation mit einer medizinisch als gering eingeschätzen Überlebenschance verweigerte. Dies führte zu großen Unmutsbezeugungen bei der Leserschaft derjenigen Presse, die das Schicksal des Mädchens zu einer Schlagzeile gemacht hatte, und dazu, daß eine private (sehr erfolgreiche) Spendenaktion lanciert wurde. (Das Mädchen konnte operiert werden.) Bemerkenswert ist dabei der sicher nicht nur journalistisch interessante Umstand, daß keine weiteren Berichte mehr zu lesen waren darüber, wie es dem Mädchen *nach* der Operation erging. Danach scheint der Nutzen der Spendenaktion im Empfinden der beteiligten Redakteure weniger wichtig gewesen zu sein als die Tatsache der gelungenen Aktion.

Beispiel zu 3.:
In einer Übung während des Unterrichtes[33] konnte von den TeilnehmerInnen festgestellt werden, daß die Entwicklung eines Lösungsweges für ein ethisches Dilemma mit Hilfe des utilitarischen Ansatzes nicht weniger als 27 Einzelschritte enthielt, in denen Voraussagen über die Güte eines Handlungserfolges gemacht werden mußten, was schon in einem dekontextualisierten Fallbeispiel viel Zeit in Anspruch nahm. Hinzu kam, daß unter den TeilnehmerInnen nicht immer Einigkeit darüber bestand, ob ein bestimmter Einzelschritt einer Güterabwägung zu unterziehen sei oder nicht. Darüber hinaus zeigten sich viele TeilnehmerInnen am Schluß der Diskussion mit dem Ergebnis unzufrieden. Dies wiederum weist auf den letztlich doch wieder egozentrischen Ansatz Hobbes hin, in dem ursprünglich eigene Werte vertreten werden. Schon damit ist der vielfach vertretene Universalitätsanspruch des utilitaristischen Ansatzes meines Erachtens nicht mehr gegeben[34].

Deontologie

Prinzipien der Deontologie
Im Gegensatz zum Utilitarismus ist die deontologische Theorie nicht auf das Handlungsziel, sondern ausschließlich auf die die moralischen Handlungen lei-

---

[33] Unterricht in Ethik, Kaderschule Aarau, Januar 1995
[34] vgl. Schneider (1986), p 366

tenden Pflichten oder Gebote ausgerichtet. Sie geht auf Jean-Jaques Rousseau zurück, der sagte: „Man muß wissen, was sein soll, um das, was recht ist, beurteilen zu können"[35]. Rousseau ging später davon aus, daß im selbstgewählten Gesetz (dem Gewissen) die persönliche Freiheit liege. Es wird angenommen, daß Kant hieraus seinen „kategorischen Imperativ" entwickelte[36], der besagt, daß „unser Wille bestimmt wird durch Gesetze, die in uns selbst liegen", also in der theoretischen Vernunft der Person selber[37]: „Handle so, daß die Maxime deines Willens jederzeit zugleich als Prinzip einer allgemeinen Gesetzgebung dienen könnte"[38]. In der Folge entwickelte Piaget[39] am Institut Jean-Jaques Rousseau in Genf, wo er als Psychologe lehrte, die Theorie von einer stufen- oder stadienartigen Entwicklung menschlicher Moral, deren dritte und letzte Stufe als das „Autonomwerden der Moral"[40] bezeichnet wird. Sein Schüler Kohlberg erweiterte diese Theorie auf sechs Stufen oder Stadien, deren höchste die Stufe der „universellen ethischen Prinzipien"[41] sei. Diese Theorie ist seit Gilligan (1984) zunehmender fundamentaler Kritik unterworfen, auf die im Abschnitt Beziehungsethik näher eingegangen wird.

Das höchste, weil universelle Prinzip der Deontologie ist danach der kategorische Imperativ Kants, aus dem sich allenfalls weitere moralische Prinzipien, wie z.B. Treue, Benefizienz oder Gerechtigkeit auf einer tieferen Abstraktionsebene ableiten lassen müßten[42]. Je nachdem, ob ein einziges oder eine größere Anzahl von Prinzipien zugrunde gelegt wird, spricht man von einem monistischen oder pluralistischen Ansatz der Deontologie.

Formen der Deontologie
Ähnlich wie beim Utilitarismus wird auch in der Deontologie zwischen zwei Formen unterschieden:

1. der Handlungs- oder Akt-Deontologie
2. der Regel- oder Pflicht-Deontologie

zu 1.:
Die Handlungs-Deontologie wird von Tschudin (1988) umschrieben mit: „Jeder muß sich für das entscheiden, was er als richtig empfindet und es tun!"[43]. Die Regeln oder Prinzipien, nach denen man sich zu richten hat, sind zwar empirisch

---

[35] Zitiert nach: Schmitz (1986), p 668
[36] Höffe in: Pieper (1992) Bd. 1, p 142
[37] Störig (1981), p 419
[38] Kant: Kritik der reinen Vernunft, Werke V, Berlin 1912
[39] Fischer (1986), p 11
[40] interpretiert bei Schöpf, in: Pieper (1992) Bd. 2, p 218
[41] sog. „Theorie der Strukturen moralischer Entwicklung", interpretiert bei Schöpf, in: Pieper (1992) Bd. 2, p 221 und bei Gilligan (1984) p 40
[42] Donagan in Beauchamp / Childress (1983), p 34
[43] in: SBK (1990) A, p 22

entstanden, sind aber nicht für jede Situation und auch nicht für jede Person gleichermaßen bindend; ein stringentes Prinzip fehlt demnach. Andere Situationen können dieselbe Person veranlassen, moralisch anders zu handeln, so wie eine andere Person in derselben Situation anders handelt als die erste Person. Die Prinzipien moralischen Handelns sind beispielsweise Intuition, Gewissen oder Gottvertrauen[44]. Ich bin dieser Einstellung in Gesprächen mit Pflegenden und Pflegeschülerinnen auffallend häufig begegnet, wenn von diesen in Dilemmasituationen argumentiert wurde: „Das entscheidet doch jeder anders. Ethik kann man doch nicht lernen."

zu 2.:

In der Regel-Deontologie hingegen richtet sich moralisches Handeln nach „stringenten Prinzipien". Tschudin (1988) sagt dazu: „Es gibt, oder kann Regeln geben, die die alleinige Grundlage für die Moral darstellen. Die Konsequenzen spielen keine Rolle."[45] Ein Beispiel für ein solch stringentes Prinzip ist der *absolute Wert des Lebens*. Dies kann wie im sogenannten „Erlanger Fall" dazu führen, daß Menschen mit infauster Prognose mit allen zur Verfügung stehenden Möglichkeiten künstlich am Leben erhalten werden, ohne daß nach den Folgen für diesen Menschen oder nach den Folgen für dessen Angehörige gefragt wird: Im „Erlanger Fall" handelte es sich um eine schwangere Frau, die bei einem Verkehrsunfall tödlich verletzt wurde, deren Fötus aber zunächst überlebte. Der Leichnam der Frau wurde über mehrere Wochen künstlich am Leben erhalten, um den Fötus zu retten. Im Zentrum der seinerzeit bundesweit und öffentlich sehr kontrovers geführten ethischen Diskussion standen Fragen, die sich mit der Trauer und den Mitentscheidungsmöglichkeiten der Angehörigen einerseits und mit dem Schicksal eines von einem Leichnam zu entbindenden Kindes andererseits befaßten. Im „Erlanger Fall" starb der Fötus allerdings vor seiner Entbindungsfähigkeit ab.

Ein Beispiel für ein anderes „stringentes Prinzip" der Regel-Deontologie ist die *individuelle Freiheit der Person*. Damit wird ausgedrückt, daß dem Willen und der autonomen Entscheidung einer einzelnen Person in deren Interesse Vorrang eingeräumt wird gegenüber interferierenden Entscheidungen von anderen Personen. Im Fall der infolge eines Guillain-Barré-Syndroms vom Hals ab gelähmten Kanadierin Nancy B. entschied ein Torontoer Gericht, daß der Wille der jungen Frau, sterben zu dürfen, Vorrang habe vor den lebenserhaltenden Entscheidungen der Ärzteschaft.[46] Die Beatmungsmaschine wurde kurz darauf abgestellt, die Frau verstarb. Seit dem aufsehenerregenden Verfahren um die Amerikanerin Karen-Ann Quinlan in den sechziger Jahren ist tendenziell eine höhere Bereitschaft zu solchen Entscheidungen feststellbar.

---

[44] Beauchamp / Childress (1983), p 36
[45] in: SBK (1990 A), p 22
[46] Tagesanzeiger vom 8. Jan. 1992

Bedeutung der Deontologie

Im Gegensatz zur utilitaristischen Verteilung knapper Ressourcen im Gesundheitswesen orientieren sich die darin tätigen Personen bemerkenswerterweise eher an der deontologischen Denkweise. Beispielsweise geben KandidatInnen in den Aufnahmeprüfungen für den Pflegeberuf als Motivation regelmäßig an, den kranken Menschen beim Gesundwerden helfen zu wollen; dies nicht, weil sie finden, daß gesunde Menschen nützlich für die Gesellschaft sind, sondern weil sie es für richtig halten, zu helfen.

Auch die von ÄrztInnen und dem Pflegepersonal in den Kliniken unternommenen enormen Anstrengungen zur Heilung von kranken Menschen weisen darauf hin, daß der gute Wert des Helfens an sich eher im Vordergrund steht als die nicht selten vernächlässigte (utilitaristische) Frage nach den Konsequenzen für die Betroffenen, deren Angehörige und nicht zuletzt für die Solidargemeinschaft als Kostenträger. Auch die genannten Beispielfälle zeigen dies auf.

Viele AutorInnen konnten zeigen, daß Pflegende in der Diskussion ethischer Dilemmata in der Pflege deontologisch argumentieren, beispielsweise, ob verwirrte Patienten fixiert werden sollen oder nicht[47], oder ob und wie dementen Patienten das Essen eingegeben werden soll[48]. Käppeli (1988)[49] weist darauf hin, daß sich die Angehörigen des Pflegeberufs bestimmten moralischen Werten verpflichten und versuchen müssen, diese umzusetzen.

Kritik der Deontologie

Die Kritik der Deontologie richtet sich auf drei Aspekte:

1. die Konkurrenz oder potentielle Widersprüchlichkeit von Prinzipien oder Regeln
2. die Nichtbeachtung der Folgen des moralischen Handelns
3. die individuelle Interpretation der Prinzipien oder Regeln

zu 1.:

Die Regel-Deontologie leidet unter dem fundamentalen Mangel, daß sich zwei oder mehrere ihrer Regeln diametral widersprechen können, zum Beispiel die Regel „heile und erhalte Leben" gegen die Regel „achte die Selbstbestimmung anderer Menschen". Es gehört nach meiner Erfahrung zum Klinikalltag, daß der ersten Regel seitens der Ärzteschaft sehr viel mehr Gewicht beigemessen wird als der zweiten. Dies äußert sich zum Beispiel darin, daß vor der Tür des Krankenzimmers Therapieentscheide getroffen werden, die mit dem „Patienten"[50] weder besprochen wurden, geschweige denn, daß dessen Zustimmung dazu einge-

---

[47] Schilder (1988), p 112
[48] Athlin (1993) p 120
[49] Käppeli (1988) p 23
[50] von lat. patire: erdulden, erleiden

holt wurde. Der Wert „Selbstbestimmung des Kranken" unterliegt dabei in einem paternalistischen Berufsverständnis dem Wert „heile und rette Leben".

zu 2.:

Wenn die Folgen moralischen Handelns bei der Entscheidungsfindung völlig außer acht gelassen würden, geriete moralisches Handeln zum Selbstzweck, es diente dann allenfalls der Psychohygiene derjenigen, die solche Entscheidungen treffen. Meines Erachtens und meiner klinischen Erfahrung nach gibt es allerdings kaum je solche „rein deontologischen" Entscheidungen. Ich beobachte eher, daß die Folgen moralischen Handelns, allerdings in unterschiedlichem Ausmaß, durchaus Eingang in die Diskussion finden, abhängig von der Persönlichkeit der Beteiligten. Dies kommt in der Kritik zu 3. zum Ausdruck.

zu 3.:

Die individuelle Interpretation von Regeln birgt das Problem mangelnder Nachvollziehbarkeit durch andere beteiligte Personen. Dies kann dazu führen, daß für dieselbe Pflegesituation bei einem Wechsel der Pflegeperson andere Entscheidungen getroffen werden mit der Folge von Diskontinuität für die Betroffenen. Ein Beispiel aus meiner Pflegepraxis mag dies illustrieren: Eine hochbetagte Patientin erlitt eine rechtsseitige Hemiplegie mit motorischer Aphasie und Schlucklähmung. Sie erhielt zunächst eine nasale Nährsonde, die sie sich täglich mehrmals zog. Die Frau machte uns deutlich, daß sie das erneute Einlegen einer Nährsonde ablehne, weil sie sich dadurch in ihrem Wohlbefinden zu stark beeinträchtigt fühle. Dieser Wunsch wurde respektiert, bis ihre Pflege von einer anderen Pflegeperson übernommen wurde, die der Frau eine neue Nährsonde einlegte und ihre (spontan bewegte) linke Hand fesselte. Bei der Dienstübergabe rechtfertigte sich diese Pflegende sinngemäß mit den Worten: „Ich konnte es nicht mehr mit ansehen, daß Frau X. sich ständig beim Trinken verschluckte."

Nicht nachvollziehbare, weil individuell vorgenommene und nicht hinreichend transparent gemachte Interpretationen von Regeln machen getroffene Entscheide angreifbar. In der Kliniksituation kommt es hier immer wieder zu Konflikten zwischen Ärzteschaft und Pflegepersonal, beispielsweise um „REA-ja" oder „REA-nein" – Entscheide: Der Entscheid, ob ein Mensch im Falle eines Kreislaufstillstandes reanimiert werden soll oder nicht, wird vom ärztlichen Dienst getroffen und per „ärztlicher Verordnung" dem Pflegepersonal zur Ausführung mitgeteilt, regelmäßig ohne daß dieses bei der Entscheidungsfindung aktiv mitgewirkt hätte. Pflegende lösen ihren inneren Konflikt, beispielsweise hinsichtlich eines für sie nicht nachvollziehbaren „REA-ja" – Entscheides, indem sie „bei Alarm etwas langsamer gehen", so der Pflegejargon. Widmer (1988) konnte zeigen: „Größter Stressor für das Krankenpflegepersonal ist eindeutig die Arbeit mit den Patienten und die damit zusammenhängenden ethischen Konflikte"[51]. Dieser Streßfaktor werde in Zusammenhang mit drei weiteren (Arbeitslast, Ver-

---

[51] Widmer (1988), p 120

unsicherung, Personalkonflikte) durch resignativ-depressives Reagieren zu bewältigen versucht[52].

Aufgrund meiner eigenen klinischen Erfahrung führe ich dieses Verhalten auf mangelnde oder ungezielte Reflexion seitens der Pflegenden zurück, mit der Folge argumentativer Defizite. Dazu Widmer (ähnlich wie auch die bereits oben zitierte Meinung von Käppeli): „Wer im Spannungsfeld von Patienten und Ärzten, Angehörigen und Hausordnung, Vorgesetzten und SchülerInnen, Verwaltung und medizinischen Hilfsdiensten steht, der muß sich einen eigenen und sicheren Standpunkt erarbeiten, wenn er nicht hin- und hergerissen oder ausgenutzt werden will."[53]

Allgemeine Konzepte normativer Ethik

Das formale Objekt aller ethischer Theorien ist „das Gute". Fraglich ist jedoch, was unter „das Gute" zu verstehen ist. Es konnte gezeigt werden, daß mindestens unter Vertretern moderner und westlicher Theorien ein gewisser Konsens darüber zu bestehen scheint, welches grundsätzlich die als „gute" Werte angesehenen Konzepte sind[54], dies zunächst unabhängig davon, ob sie im Rahmen der Lehre von der Orientierung am Handlungsziel (Teleologie), der Pflichtenlehre (Deontologie), der Lehre vom göttlichen Willen (Theologie) oder der Lehre von den Naturgesetzen (Naturalismus) angesiedelt werden. Diese „guten Werte" werden benannt mit:

1. Autonomie[55]
2. Wahrhaftigkeit
3. Gerechtigkeit
4. Pflichttreue
5. Benefizienz: die Pflicht, Gutes zu tun
6. Nonmalefizienz: die Pflicht, keinen Schaden zuzufügen/ Schaden zu verhindern

Im Rahmen dieser Untersuchung ist vor allem das Gebot der Autonomie und das der Wahrhaftigkeit angesprochen, welche noch am ehesten normative Grundlagen eines partizipativen Pflegeverständnisses sein könnten. Die anderen Gebote werden übergreifend soweit mit angesprochen, soweit dies für die Klärung des theoretischen Rahmens dieser Untersuchung nötig erscheint.

---

[52] ders., p 128
[53] ders., p 199
[54] Beauchamp/Childress (1983), Davis (1986), Fry (1994)
[55] Der Autonomie kommt im Verständnis vieler AutorInnen eine Sonderstellung zu, weil in diesem Konzept bereits die nachfolgend genannten enthalten seien.

Autonomie

Der Begriff setzt sich zusammen aus griech. „autos = selbst" und „nomos = Verwalter". In der griechischen Geschichte wurde damit das Streben von Gemeinden nach „Selbstgesetzlichkeit", also nach eigenständiger Verwaltung, bezeichnet (Gegensatz: Heteronomie = Fremdgesetzlichkeit). In der Philosophie wird der Begriff in unterschiedlichen Bedeutungen gebraucht: Recht auf individuelle Freiheit und Intimsphäre; Recht auf freie Wahl; Recht auf Selbstbestimmung; das Recht darauf, eine eigene Moral zu entwickeln und zu leben etc.[56].

Der Interpretation von Autonomie als dem Recht auf Selbstbestimmung (der PatientInnen) kommt in der Bioethik wahrscheinlich die größte Bedeutung zu, allerdings mit einer Reihe entscheidender Beschränkungen. In der Regel meint man damit das Recht des Patienten „zu entscheiden, ob eine ärztliche Maßnahme durchgeführt werden soll oder nicht"[57]. Beauchamp und Childress (1983)[58] verbinden mit dem Autonomie-Konzept die Einschränkung nach Kant einerseits und Mill andererseits: „...a person is autonomous if and only if he or she is self-governing. Autonomy as governance in the absence of controlling constraints points to the individual able to legislate norms of conduct (Kant) and able voluntarily to fix a course of action (Mill)". (Eine Person ist dann und nur dann autonom, wenn sie über sich selbst bestimmt. Autonomie als Selbstbestimmung in Abwesenheit einengender Beschränkungen verweist auf ein Individuum, das in der Lage ist, sich Verhaltensregeln zu geben (Kant) und sich aus freien Stücken auf eine bestimmte Abfolge von Handlungen festzulegen (Mill).) Danach ist Autonomie abhängig von der individuellen Fähigkeit, sich unter Abwesenheit von kontrollierenden „Fesseln" eigene Verhaltensregeln (entsprechend einem kategorischen Imperativ) zu setzen und diese in die Tat umzusetzen. Im Umkehrschluß bedeutet dies, daß bei Fehlen dieser Fähigkeiten die Person nicht autonom ist: „It does not apply to persons who are not in a position to act in a sufficiently autonomous manner – perhaps because they are immature, incapacitated, ignorant, coerced, or in a position in which they can be exploited by others."[59] (Diese Definition gilt nicht für Personen, die nicht in der Lage sind, in einer ausreichend autonomen Weise zu handeln, sei es, daß sie vielleicht noch zu jung sind, juristisch dazu nicht berechtigt, unwissend oder in einer Situation sind, in der sie von anderen gezwungen oder ausgebeutet werden.) In den meisten Erklärungen zu Patientenrechten[60] hat diese Auffassung Eingang gefunden, indem

---

[56] Beauchamp/Childress (1983), p 59
[57] Amelung (1992), p 88
[58] p 61
[59] Beauchamp / Childress (1983), p 63
[60] vgl.: Bill of Rights (USA) der American Hospital Association von 1973, bei Tschudin (1988), p 75; Resolution des Europarates über die Rechte des Kranken von 1976, bei Amelung (1992), p 227; Erklärung von Nürnberg von 1949, bei Beauchamp / Childress (1983), pp 338

1. das Selbstbestimmungsrecht unmittelbar abhängig ist von einer informierenden Handlung des Behandelnden („**informed consent**")

2. das Selbstbestimmungsrecht als eine **reaktive Handlung** angesehen wird, in welcher von den Behandelten erwartet wird, daß sie (auf Vorschläge) „zustimmen", „genehmigen" oder „einwilligen"

3. das Selbstbestimmungsrecht durch meistens näher bestimmte **Einschränkungen** in der Person der Behandelten (z.B. juristische Urteilsfähigkeit, Mündigkeit, Reife etc.) eingeschränkt bzw. außer Kraft gesetzt wird

4. das Selbstbestimmungsrecht sogar durch **ärztlicherseits vermutete Einschränkungen** außer Kraft gesetzt werden kann, z.B. wenn vermutet wird, daß der „Patient die Wahrheit über seine Krankheit nicht verträgt".

Da die Krankenpflege lange Zeit und vielerorts auch heute noch als eine paramedizinische Disziplin angesehen wird, überrascht es nicht, daß der bioethische Ansatz, der die Autonomie als ein unter bestimmten Umständen eingeschränktes Selbstbestimmungsrecht ansieht, zunächst übernommen wurde. So bestätigt auch Fry als Ethik-Beauftragte des International Council of Nurses (ICN) in der neuesten Ausgabe des „Ethics in Nursing Practice[61]" diese Sichtweise, wenn auch nur hinsichtlich „*innerer Einschränkungen*": „*One of the problems that arises in applying a principle of autonomy in nursing care is that patients often have varying capacities to be autonomous, depending on internal and external constraints.*" (Versucht man, das Prinzip der Autonomie in der Krankenpflege zu verwirklichen, dann besteht ein Problem in der unterschiedlichen Fähigkeit der Patienten zur Autonomie, abhängig von inneren wie äußeren Einschränkungen.) „*Äußere Einschränkungen*" werden darin beschrieben als „*hospital environment, availability of nursing resources, the amount of information provided for making informed choices and financial resources*" („Die Umgebung „Krankenhaus", die Verfügbarkeit der Pflege, Art und Umfang der Informationen, die Voraussetzung für eine sachgerechte Entscheidung ist, sowie finanzielle Mittel.). Fry führt weiter aus, daß es zu Schwierigkeiten bei der Anwendung des Konzeptes der Autonomie komme, wenn „*the patients choice is not in the best interest of the patient.*" : In denjenigen Fällen, in denen der Patient gegen sein „eigenes/bestes Interesse" entscheide, könne es für die Pflegende nötig werden, die individuelle Autonomie des Patienten zu beschränken und paternalistisch zu pflegen[62]. Fry läßt dabei allerdings offen, ob das „eigene/beste Interesse" des Patienten auch aus dessen eigener oder aber womöglich aus der Perspektive der Pflegenden bewertet wird. Samson (1994) liefert zur letzteren Lesart ein bewegendes Beispiel[63], elchem der Patientin im Ergebnis ein „Recht auf Leiden" zugestanden wird.

---

[61] Fry (1994), p 30
[62] a.a.O
[63] Samson (1994) pp 350

Auch Seedham (1988) übernimmt die Einschränkung der Selbstbestimmung in drei Problemkategorien: 1. wenn autonome Entscheidungen in ihrer Folge Gefahren für die betreffende Person in sich bergen, wie z.b. die Verweigerung einer Bluttransfusion; 2. wenn vermutet wird, daß die autonome Entscheidung aufgrund falscher Informationen getroffen wurde, und 3. wenn die autonome Entscheidung einer Person Gefahren für andere Personen bedeuten könnte, wie z.b. die Weiterverbreitung des AIDS-Virus durch Verschweigen gegenüber und ungeschütztem Verkehr mit dem Sexualpartner. Seedham sieht die Lösung in einer „Ausbalancierung" innerhalb des von ihm entworfenen „ethischen Netzes" in der Art einer Güterabwägung[64]. Die letztendlich zu treffenden Entscheidungen werden dann also doch wieder unter dem Einfluß der moralischen Werte anderer als der der betroffenen Person getroffen.

Der Schweizerische Berufsverband der Krankenschwestern und Krankenpfleger (SBK) hat das Prinzip der Autonomie in seinen „ethischen Grundsätzen für die Pflege"[65] aufgenommen: „Die Krankenschwester ... achtet und fördert die Autonomie des Patienten/Klienten", auch wenn zunächst unklar bleibt, was unter Autonomie zu verstehen ist. Aus dem Kontext geht aber hervor, daß auch hier eine hinsichtlich „Information" und „Schaden durch Fehlentscheide" eingeschränkte Selbstbestimmung gemeint ist: „Die Krankenschwester ... verhilft dem Patienten/Klienten zu Informationen, die ihnen ermöglichen, die Pflege und Behandlung zu verstehen und mitzuentscheiden" (man beachte die Silbe „mit-"); des weiteren: „Die Krankenschwester ... schützt in ihrer beruflichen Praxis den Patienten/Klienten vor Schaden durch Fehlverhalten und Fehlentscheide".

Bemerkenswerterweise arbeitet der SBK bereits mit dem Begriff „Klient", obwohl dies der gesprochenen Pflegesprache noch kaum entspricht. Hier wird in Ansätzen bereits ein neues Autonomieverständnis angesprochen, wie es in neueren Publikationen immer häufiger zum Ausdruck kommt: „Autonomie bezeichnet die rechtliche und ethische Unabhängigkeit der KlientInnen hinsichtlich ihrer Wahrnehmungen, Entscheidungen und Verantwortlichkeit im Rahmen der aufgenommenen pflegetherapeutischen Beziehung"; und: „Eine Klientin ist eine informierte, autonome Empfängerin professioneller Pflege[66]".

Münch und Reitz führen Anfang des Jahres 1994 aus: „Im Gegensatz zur Patientenrolle ist die eines Klienten die eines aktiven Partners. – Die Vorstellungen, die mit dem Begriff Klient verknüpft werden, sind die Bereitschaft, aktiv seine Pflegeabhängigkeit zu reduzieren, bei der Aufstellung seines Pflegeplanes mitzuarbeiten, seine Befindlichkeiten zu äußern, sich die notwendigen Informationen zu verschaffen, Belastungen durch Organisation, Personal, Regeln anzusprechen und sich als mündiger Mensch zu verhalten."[67]

---

[64] Seedham (1988), pp 131 und 141
[65] SBK (1990 A), p 8
[66] Heering, C. (1993); Heering/Heering (1994)
[67] Münch/Reitz (1994), p 10

Ein knappes Jahr später, gegen Ende 1994, wurde auch vom SBK eine eindeutige Begriffsklärung vorgenommen, indem die 1990 ausgedrückten Werte in den „Qualitätsnormen für die Pflege und Begleitung von alten Menschen" mit konkreten Inhalten gefüllt wurden. Es handelt sich hierbei um Pflegestandards, die nach den seit Donabedian[68] bekannten Qualitätskategorien von 1. Struktur, 2. Prozeß und 3. Ergebnis geordnet wurden. Das Konzept der Autonomie wird jeweils für diese drei Kategorien in fünf „Bereichen, in denen Autonomie ausgeübt wird", definiert: 1. für die Autonomie im allgemeinen, 2. für die gefühlsmäßige Autonomie, 3. für die geistige Autonomie, 4. für die körperliche Autonomie und 5. für die soziale Autonomie[69].

Der Sinn dieser Unterteilung sei im Bewußtsein der Überlegung gestanden, daß ein möglicher Verlust an Autonomie in dem einen Bereich nicht automatisch einen Totalverlust an Autonomie bedeute, so der SBK. An dieser ersten für die Schweizer Gesundheits- und Krankenpflege differenzierten Definition des Autonomie-Begriffs sind folgende Merkmale beachtenswert, weil sie von früheren, bioethisch definierten Ansätzen abweichen bzw. diese ergänzen:

1. Die Selbstbestimmung wird **nicht automatisch eingeschränkt** durch möglicherweise verschlechterte intellektuelle oder kommunikative Fähigkeiten des Patienten/Klienten;

2. eine seitens der Pflegeperson von Achtung, Respekt, Menschlichkeit und Fachwissen geprägte **Beziehung** zum Patienten/Klienten ist Grundlage für die Berücksichtigung seiner Autonomie;

3. der Patient/Klient wird als in seiner Pflege **aktiver Partner** angesehen, von dem erwartet wird, daß er, je nach Autonomiebereich, verschiedene Aktivitäten anstrebt, z.B.: Gefühle auszudrücken (p 10), sich über sein Glaubens- und Wertsystem zu äußern (p 11) oder seine selbstgewählten sozialen Kontakte aufrecht zu erhalten.

Hierin ist eine Abgrenzung von den weiter oben zusammengefaßten Einschränkungen der Autonomie der (ärztlichen) Bioethik zu sehen, die meines Erachtens einen wertvollen Beitrag leistet zur Definition des eigenständigen Bereiches der professionellen Gesundheits-und Krankenpflege und die auf eine andere Qualität oder Dimension pflegerisch-ethischen Denkens hinweist.

Unberücksichtigt bleibt allerdings auch hier wiederum die eigene Welt des Menschen, der als Pflegeempfänger seine ihm vertraute Erlebens- und Erfahrenswelt (meist unfreiwillig) verläßt und als Fremder in die Welt der „Pflegeprofis" eintritt, in der er sich mit anderen Verhaltensmustern und einer ihm fremden Sprache auseinandersetzen muß. Norberg, unter Berufung auf Popper[70], formu-

---

[68] Donabedian (1982)

[69] SBK (1994), p 5

[70] zitiert aus einer Keynote am 2. Europäischen Pflegediagnosen-Kongreß, 18. Mai 1995 in Brüssel

lierte dazu: „So ist beispielsweise ein dementer Patient so hilflos wie ein Musiker, der plötzlich auf einem ihm fremden Instrument spielen soll."[71] Das Konzept des „aktiven Patienten" ist insofern überprüfungsbedürftig, weil hierin dem Pflegeempfänger ein Adaptionsmodus abverlangt wird, auf den er sich unter Berufung auf seine garantierte Autonomie vielleicht gar nicht einlassen will.

Es wird in Zukunft zu klären sein, welche der Auffassungen denen der PflegeempfängerInnen am nächsten kommen und so Eingang in eine meines Erachtens notwendige neue „Patientenrechtserklärung" beziehungsweise ethische Normen finden werden. Die Aussagen der in der Untersuchung befragten KrankenhauspatientInnen sollen Hinweise darauf geben. Hinsichtlich der zitierten Autonomie-Normen wird sich der SBK allerdings fragen lassen müssen, warum diese nur für die Pflege von alten Menschen gelten sollen und (mit nötigenfalls unspezifischen Umformulierungen) nicht auch für andere Altersgruppen.

Wahrhaftigkeit

Das Konzept der Wahrhaftigkeit wird nicht von allen AutorInnen als ein eigenständiges ethisches Grundprinzip angesehen. Greipp vertritt die Ansicht, es sei integraler Bestandteil des Konzeptes der Autonomie[72]. Auch Davis weist darauf hin, daß der Aspekt „Information" als Bestandteil des Konzeptes „Wahrhaftigkeit" schon zum Teil im Konzept der „Autonomie" integriert sei[73]. In der Studie von Grundstein-Amado hingegen wird Wahrhaftigkeit von Pflegenden in Zusammenhang mit Ehrlichkeit gebracht im Sinne von „nicht davor zurückschrecken, die Behandlung zu erklären"[74].

Soweit das Konzept „Wahrhaftigkeit" beschrieben wird, lassen sich wiederum unterschiedliche Dimensionen dieses Begriffes ausmachen, über die aber in der ethischen Diskussion ihrer Bedeutung Einigkeit zu bestehen scheint. Zu den häufig gebrauchten Dimensionen von Wahrhaftigkeit gehören: die Wahrheit sagen; informieren (im Sinne des „informed consent"); nicht lügen; echt sein im Sinne von nicht täuschen[75].

Diese vordergründige Einigkeit unterliegt allerdings noch einer gewissen Relativierung: So ist es nach Fry[76] denkbar, daß in anderen Kulturen andere Regeln für den Umgang mit der Wahrheit bestehen und daß z.B. Informationen grundsätzlich zuerst dem Familienvorstand mitgeteilt werden müßten, bevor sie der Patient erfährt. Gilligan, in einer Kritik Ghandis, setzt sich ein für einen pragmatischen Umgang mit der Wahrheit: „Die blinde Bereitschaft, Menschen der Wahrheit zu opfern, ist jedoch immer die Gefahr einer vom Leben abstrahierten Ethik gewesen."[77] Auch Seedhouse, der verschiedene relativistische Theorien ausführ-

---

[71]   vgl. Ashworth et al (1992); Kelly / May (1982)
[72]   Greipp (1992), p 737
[73]   Davis (1986, Teil 1), pp 42 + 41
[74]   Grundstein-Amado (1993), p 1704
[75]   nach Beauchamp / Childress (1983), pp 221; Fry (1994) p 31; Davis (1986, Teil 1)p 42
[76]   Fry (1994), p 31
[77]   Gilligan (1984), p 130

lich diskutiert, bestätigt dies und führt an, daß die Art und Weise der Vermittlung von Informationen bedeutungsvoll ist, indem er die grundsätzliche Frage aufwirft, ob Fakten, die von den Gesundheitsdiensten PatientInnen mitgeteilt werden, einer (bewertenden) Interpretation bedürfen, um (richtig) verstanden zu werden[78].

Der SBK formulierte noch 1990 Pflegestandards, bei denen (gemäß dem seinerzeitigen Verständnis situativ einschränkbar) Information und Wahrhaftigkeit Voraussetzung für die Partizipation am Pflegeprozeß sind, wie beispielsweise „Die Pflegeperson ... (1.2) stellt sicher, daß der Patient/Klient und seine Bezugspersonen angepaßt informiert und angeleitet werden ... (1.5) stellt mit dem Patienten/Klienten Pflegeziele auf ... (1.6) legt unter Einbezug der Betroffenen die Pflegemaßnahmen fest..."[79]. Das zuvor diskutierte neue Autonomieverständnis des SBK von 1994 dürfte aber für diese Pflegestandards eine Überarbeitung nach sich ziehen.

Deskriptive Ethik

Der deskriptive Ansatz beobachtet, beschreibt, vergleicht, analysiert und kategorisiert menschliche Verhaltensweisen und Beziehungen als wahrnehmbare Anzeichen bestehender Werthaltungen, um ein Bild von den herrschenden Auffassungen über „das Gute" zu erhalten. Mit diesem Ansatz kann eindrücklich aufgezeigt werden, daß Menschen keineswegs immer wirklich das tun, was sie aufgrund ethischer Normen tun sollten, wozu sie also (z.B. aufgrund beruflicher Normen) „preskriptiv" verpflichtet wären, wie beispielsweise der Verstoß gegen das Gebot der Wahrhaftigkeit bei der unterlassenen Aufklärung von unheilbar Krebskranken.

Nach Tschudin[80] ist das Ziel der deskriptiven Ethik die Weiterentwicklung der preskriptiven Ethik nach demokratischen Prinzipien, indem aus der Beobachtung und Beschreibung tatsächlichen moralischen Handelns heraus dann eine Überarbeitung bestehender Normen oder Kodizes stattfindet, wenn dies dem Willen der Mehrheit entspricht. Tschudin läßt allerdings offen, ob es sich dabei um die Mehrheit der ganzen Bevölkerung oder nur um die Mehrheit einer nicht-repräsentativen Gruppe handeln soll (im obigen Beispiel die Gruppe der Ärzte).

Nach Gilligan (1984) kann dies jedoch nicht das Ziel der deskriptiven Ethik sein, da moralisches Handeln mindestens schon geschlechtsspezifisch unterschieden werden kann und sich somit zumindest eine demokratische Normierung von selbst verbietet.

Der Ansatz eignet sich aber meines Erachtens dafür, die im Rahmen pflegerischer Beziehungen zwischen Gepflegten und Pflegenden auftretenden Interaktionen einer ethischen Würdigung zu unterziehen, nicht, um daraus Vorwürfe und Schuldzuweisungen an Pflegende über vermeintlich unethisches Verhalten zu

---

[78] Seedhouse (1988), pp 70
[79] SBK (1990 B), p 10 + 11
[80] Tschudin (1988), p 34

entwickeln, sondern um moralisches Handeln und ethisches Denken in der Pflege auf der Grundlage eines phänomenologischen Ansatzes so zu beschreiben, wie es ist und daraus ein tieferes Verständnis für eine möglicherweise spezifische Pflegeethik zu gewinnen. Ob sich dann daraus aber wirklich neue Normen und Codices entwickeln lassen, erscheint mir erkenntnistheoretisch fragwürdig unter der Prämisse, daß jede Pflegesituation in einen individuellen und nicht wiederholbaren kontextuellen Rahmen eingebunden ist, der sich zu einem großen Teil aus der Beziehungsgestaltung zwischen Pflegenden und Gepflegten ergibt. Der Nutzen dieses Ansatzes läge damit eher in einer (pragmatischen) Bewußtmachung und breiteren Diskussion moralischen Handelns in der Pflege als in der Entwicklung ethischer Theorien oder Prinzipien.

Beziehungsethik

Die bisher diskutierten ethischen Theorien, Prinzipien und Konzepte weisen zwei meines Erachtens schwerwiegende Mängel: zum einen sind sie vor allem auf Überlegungen von Männern zurückführen: Rousseau, Kant, Kohlberg, Hobbes, Mill etc., womit Universalitätsansprüche schon deshalb unangebracht sind, weil nicht einmal die Möglichkeit geschlechtsspezifischer Unterschiede im ethischen Denken in Betracht gezogen wird. Zum anderen sind diese Theorien in ihrem Kern dekontextualisiert und rationalistisch, wenn nicht sogar mechanistisch angelegt und vernachlässigen darüber ein das menschliche Sein wesentlich bestimmendes Element, nämlich die Beziehungen der Menschen untereinander. So ist insbesondere das oben erwähnte Kohlbergsche Modell der Entwicklung ethischer Fähigkeiten fundamentaler Kritik ausgesetzt, seitdem diese von Gilligan (1984) formuliert wurde. Sie konnte zeigen, daß das von Kohlberg in seinen Studien gebrauchte Instrument deshalb für weibliche Probanden schlechte Ergebnisse zeigte, weil es den „moralisch-weiblichen" Problemlösungsansatz mit „moralisch-männlichen" Fragestellungen maß. Kohlberg zog aus seinen Untersuchungen den Schluß, daß Mädchen/Frauen im Durchlaufen der Stadien der moralischen Entwicklung die sechste Stufe tendenziell weniger oft erreichen als Jungen/Männer. Das aus der Arbeit Gilligans herausragendste Ergebnis ist dagegen, daß moralische Fragestellungen und Dilemmata aus einer „weiblichen" Sichtweise heraus nicht gelöst werden können, ohne die Beziehungen der beteiligten Personen zueinander zu berücksichtigen. Diese Kontroverse läßt sich mühelos zum Beispiel unter Schülerinnen und Schülern der Krankenpflegegrundausbildung mit dem berühmten „Heinz-Fall"[81] auslösen. Hinsichtlich der Beziehung zwischen Pflegen-

---

[81] Der „Heinz-Fall" stellt die Gruppe vor das Dilemma, ob Heinz seiner an Krebs erkrankten Frau ein neuartiges und lebensrettendes Medikament aus der Apotheke stehlen und damit eine Gefängnisstrafe riskieren soll. Während Jungen den Fall lösen, indem sie sich am gesellschaftlichen und juristisch verankerten Wert orientieren: „Du sollst nicht stehlen", und das Medikament nicht stehlen würden, tendieren Mädchen/Frauen zu der Aussage: „Wenn Heinz doch aber seine Frau liebt, dann muß er ihr helfen. Vielleicht gibt es ja noch andere Möglichkeiten." (nach Kohlberg 1995).

den und Gepflegten lassen sich zwei vor allem in der ausländischen Pflegeliteratur zum Teil recht kontrovers diskutierte Konzepte ausmachen: *„caring"* und *„advocacy"*. Diese beiden Konzepte werden im folgenden erläutert.

Caring oder „sich sorgen für"

Das Konzept des *„caring"* entstammt ursprünglich der Philosophie, ist also keine „Entdeckung" der Pflege. Es gibt eine Reihe von Bestrebungen, den Begriff zu definieren; allerdings ist zur Zeit noch keine anerkannte, präzise und prägnante Definition verfügbar. Dementsprechend schwierig ist auch die Übersetzung des Begriffs ins Deutsche. Der Begriff kann also vorläufig nur umschrieben statt beschrieben werden und bedarf noch der weiteren phänomenologischen Erforschung. Nach Mayeroff bedeutet *caring* die Förderung des Wachstums des anderen, ohne von ihm Besitz zu ergreifen. Dies bedeutet nicht einfach nur, jemanden zu mögen oder jemandem Gutes zu wollen, sondern es heißt, sich auf eine Beziehung zum anderen einzulassen und einen Entwicklungsprozeß in dieser Beziehung zuzulassen, der eine qualitative Veränderung der Beziehung durch Gewinn an Tiefe und Vertrauen bedeutet[82]. Leininger und Watson bezeichnen *caring* als das verbindende Element und das ethische Ideal der Pflege[83], Swanson (1991) als das „sich sorgen für jemanden, sich mit Wertschätzung auf jemanden einlassen, Verpflichtung und Verantwortung spüren lassen". Gegenteilige Ansichten werden (im deutschsprachigen Raum) vor allem von Bischoff (1987) vertreten, die sich gegen die kommerzielle Ausbeutung von Frauen und deren ihrer Meinung nach typisch weiblichen Eigenschaften wie Altruismus und Empathie wehrt. Eine zwar sehr pragmatische und wohl auch unvollständige, aber meines Erachtens durchaus prägnante Umschreibung des *caring*-Begriffes gibt Messner (1993) auf der Grundlage einer Literaturstudie durch die Zusammenstellung von Forderungen, die Patienten an die sie Pflegenden haben:

- Hören Sie mir wirklich zu!
- Fragen Sie mich, was ich denke!
- Bagatellisieren Sie nicht meine Anliegen! Ich möchte ernst genommen werden!
- Behandeln Sie mich als Mensch und nicht als Krankheit!
- Reden Sie **mit** mir statt über mich!
- Sagen Sie mir nicht, was ich machen soll, ohne es mir zu erklären!
- Respektieren Sie mich so, wie ich bin!
- Lassen Sie mich Ihre Anteilnahme spüren!
- Ich möchte Vertrauen haben können!

---

[82] Mayeroff (1990), p 1
[83] zitiert in Jensen et al (1993 / 1995)

Verschiedene AutorInnen haben zwischen fünf bis zwölf Dimensionen des *caring* formuliert, so z.B. Swanson (1991): „Kennen, dasein, einstehen, ermöglichen, Überzeugung bewahren". Eine qualitative Studie der Kaderschule Aarau konnte zeigen, daß die angenommenen zehn *caring*-Dimensionen, wenn auch in unterschiedlichem Ausmaß, Teil der professionellen Pflege sind[84], ebenso wie bereits zuvor Jensen et al (1993/1995), die die *caring*-Eigenschaften den drei Hauptkategorien Kompetenz, Mitgefühl und Mut zuordneten. Im folgenden nehme ich aus Gründen der Vertrautheit mit der zuvor zitierten Untersuchung Bezug auf die darin formulierten zehn Dimensionen von *caring*:

1. jemanden kennen lernen
2. zuhören und sich mitteilen
3. sich einlassen
4. Hoffnung
5. Bescheidenheit
6. Vertrauen
7. Einfühlungsvermögen
8. Mut
9. Geduld
10. Ehrlichkeit.

Die Bedeutung einiger ausgewählter, für diese Arbeit relevanter Dimensionen des *caring* wird anschließend aufgrund von Zitaten aus den Ergebnissen der Untersuchung von Holenstein et al (1996) dargestellt. Die spezifische und vom nichtprofessionellen Bereich unterschiedliche Bedeutung dieser Konzepte für den Pflegeberuf entsteht dadurch, daß es reflektiertes pflegerisches Erfahrungswissen einerseits über menschliche Biographien, existentielle Lebenserfahrungen und Lebensperspektiven, andererseits über situative beziehungsweise kontextuelle Gegebenheiten (z.B. Krankheit, Leiden, Krankenhaus, Arztvisiten etc.) voraussetzt.

zu 1., „Jemanden kennen lernen:"
Kennen lernen kann unterschieden werden von „etwas über jemanden wissen". Es bezeichnet über die Kenntnis objektiver Daten hinaus das Verstehen oder mindestens die Kenntnis der Bedeutung von bestimmten Fakten für den anderen: *„Jemanden kennen lernen ist ein zentrales Anliegen in der professionellen Gesundheits- und Krankenpflege. ... (Pflegende) ... sind überzeugt, daß es ihnen dadurch besser gelingt, die Pflege auf die wirklichen und eigentlichen Bedürfnisse der Patienten auszurichten. Sie stellen fest, daß verborgene, oft von den Patienten selbst nicht wahrgenommene Bedürfnisse maßgebend Kranksein und Gesundwerden beeinflussen. ...Das Interesse, jemanden kennen lernen zu wollen, ermög-*

---

[84] Holenstein et al (1996)

licht es den Patienten, die für sie wichtigen Fragen zu stellen. Das Interesse und das Zuverstehensuchen vermag Distanz in Offenheit umzuwandeln. Das Wissen um die Gefühle eines Menschen hat direkte und positive Auswirkungen auf die Pflege. ... (Es)... kann sich ein Vertrauensverhältnis anbahnen, das sich positiv auf den Heilungsprozeß auswirkt. Das Wissen um die Geschichte des Patienten erleichtert es, seine Eigenheiten zu verstehen und diese für die Pflege zu nutzen. ...“[85]

zu 2., zuhören und sich mitteilen:

Zuhören heißt vor allem wahrzunehmen, was mir der andere wirklich sagen möchte. Dies kann von dem, was er tatsächlich sagt, abweichen und sogar das genaue Gegenteil sein. Zuhören bedeutet deshalb die Fähigkeit, sich in den anderen einfühlen zu können, ahnen zu können, was ihn bewegt und auf Untertöne oder „zwischen den Zeilen Geschriebenes" achten und darauf eingehen zu können: *„Man ist gegenseitig füreinander da. Zuhören macht hellhörig auf Untertöne in der Stimme und auf averbale Äußerungen. ... Sich dem kranken Menschen zuwenden können, gibt Sicherheit, erhöht das Wohlbefinden und läßt die gegenseitige Beziehung wachsen ... Durch zuhören und sich mitteilen wird es möglich, auch auf Widersprüchlichkeiten einzugehen und diese gemeinsam mit den Betroffenen zu bearbeiten ...“[86].*

zu 3., sich einlassen:

Sich einlassen auf den anderen bedeutet zunächst, den anderen in dessen Wahrnehmung, seinen Entscheidungen und seinem Handeln zu respektieren und die eigenen Grenzen dazu in Bezug zu setzen. Es heißt aber auch, Anteil zu nehmen im Sinne von „der andere bedeutet mir etwas", „es ist mir nicht gleich, was mit dem anderen geschieht" und diese Anteilnahme zu zeigen: *„Sich einlassen heißt auch, emotional für andere Menschen dazusein, sich um sie zu kümmern. Sich einzulassen zum Wohle der Patienten ist verbunden mit dem Feingefühl, Nähe zuzulassen und gleichzeitig Distanz zu wahren. ... Patienten und Angehörige spüren, daß sie nicht allein gelassen sind. Sie fühlen sich geborgen und können ihre Bedürfnisse kundtun."[87]*

zu 5., Bescheidenheit:

Für Pflegende heißt dies, die eigenen Vorstellungen über die Pflege- und Behandlungsbedürftigkeit des anderen unterzuordnen denjenigen Vorstellungen, die der andere darüber hat: *„Bescheidenheit läßt Pflegende erkennen, wann und in welchem Ausmaß sie aktiv Pflege übernehmen müssen und wo es zu respektieren gilt, daß Angehörige dem Kranken näher sind. ... Bescheidenheit ermöglicht es, eigene Grenzen zu erkennen und Unterstützung anzufordern."[88]* Es bedeutet die Ab-

---

[85] Holenstein et al (1996) pp 36
[86] dieselbe, pp 38
[87] Holenstein et al (1996) pp 40
[88] dieselbe, pp 43

kehr von der arroganten Sichtweise einer scheinbar allmächtigen Medizin hin zu der Einsicht, daß für den anderen andere Dinge wichtiger sein mögen als Heilung und anzuerkennen, daß der andere sogar ein „Recht auf eigenes Leiden"[89] hat.

zu 6., Vertrauen:

Vertrauen heißt nicht nur die Abwesenheit von Mißtrauen, sondern es bedeutet auch, dem anderen etwas zuzutrauen, z.b. wenn ich dem anderen zutrauen kann, bei allen möglichen Einschränkungen dennoch eigene Wahrnehmungen und Ge-fühle zu haben und eigene Entscheidungen treffen zu können. Vertrauen heißt aber auch, dem anderen zuzutrauen, meine eigenen mitgeteilten Grenzen zu er-fahren, ihm zuzumuten, diese ebenfalls zu akzeptieren und solcherart in einen sehr dynamischen Beziehungsprozeß einzutreten: *„Vertrauen laßt Nähe zu. Ge-genseitiges Vertrauen schafft Raum, in dem Gefühle und Probleme ausgedrückt werden können. Die pflegerische Kompetenz schafft Vertrauen und führt zu einer tiefen Beziehung."*[90]

zu 8., Mut:

Es erfordert Mut, sich von tradierten, (bio-)ethischen Denkweisen und morali-schen Verhaltensmustern, die die Pflege heute noch bestimmen, zu lösen und sich auf eine neue, noch kaum erforschte oder explizierte Ethik einzulassen, die den Menschen mit seinen Wahrnehmungen, Entscheidungen und Verantwortlichkei-ten in den Mittelpunkt des Geschehens stellt und nicht seine Krankheit: *„Die Re-sultate der Befragung weisen auf Schwierigkeiten hin, die sich aus der unter-schiedlichen Sichtweise der Medizin und der Pflege ergeben. Pflegende beweisen Mut, diese Problematik im interdisziplinären Team anzusprechen und den Ärzten den Standpunkt der Pflege aufzuzeigen."*[91] Genauso erfordert es Mut, sich den Konsequenzen der Anerkennung der Pflegetätigkeit als eigenständigen Beruf und den damit verbundenen Verantwortlichkeiten zu stellen. Es erfordert Mut, in der interdisziplinären Zusammenarbeit im Interesse des anderen dessen Positio-nen statt der eigenen zu vertreten und dafür einzustehen. Mut in der Beziehung zum Patienten kann heißen, *„den eigenen Gefühlen zu folgen und auch dazu zu stehen. Es braucht auch Mut, Intuition zuzulassen. Es braucht Mut, die konven-tionellen Grenzen zu überschreiten, wenn es verantwortbar und zum Wohle der Patienten ist, auch wenn dafür ein Risiko eingegangen wird."*

zu 10., Ehrlichkeit:

„Ehrlichkeit öffnet Wege, um über die Konsequenzen der medizinischen Diagno-se offen zu sprechen und konkrete Hilfestellungen im Sterbebegleitungsprozeß aufzuzeigen. Ehrlichkeit hilft, auf die Betroffenheit einzugehen. ...Ehrlichkeit hilft auch, die Eigenartigkeit des Verhaltens zu akzeptieren. ... Ehrlichkeit zeigt sich in der kritischen Prüfung der eigenen Reaktionen."[92] Die Verwandschaft mit dem

---

[89]   vgl. Samson (1994)
[90]   Holenstein et al (1996) pp 44
[91]   dieselbe, pp 47
[92]   Holenstein et al (1996) p 49

normativen Prinzip „Wahrhaftigkeit" ist offensichtlich, wenn man diese nicht im Sinne von „kognitiver Information", sondern im Sinne von Grundstein-Amado, Seedhouse und Gilligan versteht (siehe oben unter 2.3.2.)

Der Begriff des *caring* wird nur verständlich im Zusammenspiel aller Dimensionen, wobei die eine Dimension Voraussetzung für eine andere sein kann (z.b. den Mut zu haben, eine geplante Verrichtung aufzugeben, um den Menschen in einem Gespräch besser kennenzulernen).

advocacy oder „sich einsetzen für"

Der Begriff *advocacy* wird in der Literatur in zwei Bedeutungen diskutiert:

1. juristischer Ansatz: Schutz der Rechte der PatientInnen
2. ethischer Ansatz: moralisches Einstehen für die PatientInnnen

zu 1., juristischer Ansatz:

Hierunter wird verstanden, daß die Pflegenden gewissermaßen als Anwälte der PatientInnen auftreten mit der Aufgabe, diese über ihre Rechte zu informieren, sicherzustellen, daß diese verstanden wurden, Verletzungen der Rechte zu melden und im übrigen solche Verletzungen zu verhindern[93]. Malligan (1995) diskutiert unter Berufung auf eine Studie Coles den „double-bind"-Konflikt, der sich aus der (gesetzlichen und vertraglichen) Bindung an den Arbeitgeber einerseits und der vom UKCC[94] vorgegebenen Rolle der Schützerin der Patientenrechte andererseits für die Pflegenden ergibt und stellt fest, daß englische Gesetze diesbezüglich keine explizite Aufgabenzuweisung an die Pflegenden vornehmen. Gates (1995) kritisiert, daß eine große Anzahl von AutorInnen dieses Problem nicht erkennen oder sogar negieren und schlägt vor, daß zunächst der UKCC eine realistische Position der *advocacy* entwickeln möge. Er warnt Pflegende vor einem übereifrigen Einsatz als *nurse advocates*, der zu unerwünschten „emotionalen Konsequenzen" führen könne und empfiehlt, allenfalls professionelle Beratung und Unterstützung zu suchen.

Auch in der Schweiz ist die Rolle der Pflegenden als Vertreterin der Rechte der PatientInnen rechtlich nicht explizit formuliert. In denjenigen kantonalen Gesetzesvorschriften, die einen Pflegeberuf als Beruf überhaupt rechtlich anerkennen und die eine Patientenrechtsverordnung beinhalten, wird allenfalls vorgeschrieben, **daß** PatientInnen über ihre Rechte zu informieren sind, aber nicht, daß dies durch die Person der Pflegenden zu geschehen hat. In vielen kantonalen Gesundheitsgesetzen jedoch wird eine eigenständige Rolle des Pflegeberufes gar nicht anerkannt, der Pflegeberuf figuriert hier unter dem Rechtstitel

---

[93] Fry (1994), p 50
[94] United Kingdom Central Council: britische Pflegekammer

„Medizinische Hilfsberufe" und ist dem medizinischen Beruf weisungsunterstellt.

Zusammenfassend läßt sich feststellen, daß der juristische Ansatz der *advocacy* für die berufliche Gesundheits- und Krankenpflege in der Schweiz aufgrund fehlender Rechtsvorschriften bedeutungslos ist[95].

zu 2., ethischer Ansatz:

Fry (1994) unterscheidet zwei ethische Modelle der *advocacy*: das Entscheidungsmodell, bei der die Pflegende den PatientInnen dabei hilft, ihre eigenen Werte und Bedürfnisse zu erkennen, ohne daß sie ihnen fremdbestimmte Entscheidungen aufnötigt, und das Modell des Respektierens der Person, bei dem die Pflegende grundlegende menschliche Werte wie Würde oder Privatsphäre berücksichtigt und im Fall einer Handlungsunfähigkeit der Person entsprechende Entscheidungen für diese trifft. Rich (1995) definiert *advocacy* als „ein kalkuliertes Risiko auf sich nehmen, um unserer moralischen Verpflichtung des Schutzes physischen, psychologischen und emotionalen Wohlbefindens der PatientInnen nachzukommen"[96], und spricht dabei vor allem Situationen an, in denen Pflegende gegen offensichtlich oder potentiell falsche ärztliche Verordnungen zu opponieren gehalten sind. Zu klären wäre in diesem Zusammenhang allerdings auch, ob und wieweit die Wahrnehmung der *advocacy* eine Einschränkung der individuellen Autonomie bedeuten könnte. Erst Gaylord/Grace (1995) beziehen sich eindeutig auf einen Kern des *caring*[97] in der *advocacy*: „*In conclusion, patient advocacy ist not merely the defence of infringements of patients rights. Advocacy stems from a philosophy in which nursing practice is the support of an individual to promote his or her own well-being as understood by the individual.*" (Daraus folgt, daß das Eintreten für den Patienten nicht nur die Abwehr von Beeinträchtigungen seiner Rechte bedeutet. Dieses Eintreten ist an einer Philosophie orientiert, für die Krankenpflege die Unterstützung des Individuums bedeutet, damit dieses sich um sein Wohlergehen kümmern kann, so wie dieses Individuum es für richtig hält.) Das zweite der beiden beschriebenen Fallbeispiele zeigt deutlich Dimensionen des caring, wie Mut, sich einlassen, Hoffnung, Geduld. Aufgrund einer noch nicht eindeutigen Definition und Übersetzung der Begriffe *advocacy* und *caring* ist derzeit eine scharfe Trennung der beiden Begiffe weder möglich noch erachte ich eine solche zur Zeit als sinnvoll. Vielmehr erscheint eine konzeptuelle Verbindung der Begriffe im Rahmen einer Theorie möglich; hierzu wäre eine extensive phänomenologische Erforschung nötig.

---

[95] Eine ausführliche Darstellung der Rechtslage in der Schweiz findet sich im Kapitel „Die rechtliche Perspektive" dieser Arbeit.
[96] Rich (1995) p 35
[97] hier im Mayeroffschen Sinne verstanden

44

Schlußfolgerungen

Es konnte dargelegt werden, daß die normative Ethik allein keine hinreichende Grundlage für eine partizipative Beziehungsgestaltung zwischen Pflegenden und Gepflegten darstellt. Weder können die normativen ethischen Theorien und Prinzipien bei ihrer „Anwendung" losgelöst werden von Beziehungen, persönlichen Werten, emotionaler Befindlichkeit und kognitiven Fähigkeiten der beteiligten Personen, noch können sie von der Situation losgelöst (dekontextualisiert), das heißt ohne den zu jeder Situation gehörenden persönlichen, gesellschaftlichen, geschichtlichen, religiösen, kulturellen oder philosophischen Hintergrund betrachtet werden. Insofern verdient normative Ethik die Bezeichnung „normativ" oder „preskriptiv" meines Erachtens nicht. Es besteht viel eher die Gefahr, daß Pflegende in einem „double-bind" – Konflikt gefangen werden, wenn ihnen seitens der in Pflegeinstitutionen dominant etablierten, normativen „Bio-Ethik" moralische Haltungen abverlangt werden, die von einer anderen Berufsgruppe, den ÄrztInnen, vertreten werden und die mit der eigenen, aus Sicht der ÄrztInnen noch wenig expliziten, Haltung nicht übereinstimmen.

Die Bedeutung der normativen Ethik in der beruflichen Gesundheits- und Krankenpflege liegt vielmehr darin, retrospektiv ethische Reflexionen gezielt vorzunehmen und stattgefundene Reflexionen bewußt zu machen, indem so abstrakte Werte wie zum Beispiel „Autonomie" explizit gemacht und exemplarisch, das heißt am Einzelfall, umfassend und interdisziplinär diskutiert werden. So könnten Pflegende auch ihre eigene, oft als insuffizient empfundene argumentative Kompetenz verbessern. Insofern eignet sich normative Ethik als Lern- und Lehrinstrument, in dem Erfahrungen durch gezielte Reflexion zu „reflektiertem Erfahrungswissen" aufgewertet und Haltungen expliziert werden.

Der Ansatz der deskriptiven Ethik ist geeignet, die von Pflegenden gelebte Ethik zu beschreiben und so die Aufgabe zu übernehmen, diesen bisher unsichtbaren und dennoch vorhandenen Teil der professionellen Gesundheits- und Krankenpflege sichtbar zu machen. Sie übernimmt damit eine für den Pflegeberuf sehr wichtige Aufgabe. So liegen bereits eine Reihe von Erkenntnissen über die Beziehungsethik vor, die durch Deskription entstanden sind und die auch im deutschsprachigen Raum immer mehr Verbreitung finden [zu erwähnen sind hier vor allem die Publikationen von Norberg (1994), Benner (1984) und Kesselring (1994)]. Es darf aber nicht erwartet werden, daß hieraus schnell neue normative Theorien generiert werden können.

Die Beziehungsethik bildet in Verbindung mit den Prinzipien der normativen Ethik meines Erachtens das Fundament eines Pflegeberufes, der wieder den Mensch in den Mittelpunkt stellt anstatt seine Krankheit. Die Entwicklung unseres Berufes, die in der Schweiz zum Beispiel mit der Inkraftsetzung der Neuen Ausbildungsbestimmungen in Gang gesetzt wurde, wie auch die modernen Methoden der Pflegeforschung und der international vernetzten Kommunikation bieten uns unschätzbare Möglichkeiten, diese Entwicklung zu fördern und zu verankern und Methoden zu entwickeln, die den an uns gestellten Anforderungen besser genügen als die heutigen.

Die Beachtung von menschlichen Grundbedürfnissen nach Würde, Wahrheit, Selbstbestimmung, Verantwortlichkeit dürfen nicht länger Sonder- oder Einzelfälle im Leistungsangebot unseres Gesundheitssystems bleiben, sondern müssen die Regel werden. Es ist die Aufgabe der Pflegenden als derjenigen Berufsgruppe, die unmittelbar und 24 Stunden pro Tag die Gepflegten umsorgt und als der zahlenmäßig stärksten Berufsgruppe im Gesundheitswesen, sich auf die Entwicklung dieser Ethik einzulassen und sie durch die Entwicklung geeigneter Methoden voranzutreiben. Diese Studie soll erste Hinweise auf die Zielrichtung geben.

Die pflegewissenschaftliche Perspektive: Partizipation

Das in der deutschen Pflegeliteratur nahezu unbekannte Konzept der „Patientenpartizipation" beziehungsweise „Partizpation" wird einer Klärung nähergeführt in Bezug auf seine pflegetheoretischen Grundlagen, bereits bestehende Deutungen und Definitionsversuche sowie in Bezug auf seine Bedeutung und Bewertung.

Etymologie des Begriffs

Das Konzept der Partizipation ist in der deutschsprachigen Pflegeliteratur allem Anschein nach unbekannt, während es im englischen Sprachraum intensiv diskutiert wird. Der Begriff „partizipieren" leitet sich ab aus lateinisch: „sich beteiligen"[98] und auch „teilhaben, etwas abbekommen von dem, was ein anderer hat"[99]. Verwandte Wörter des Lateinischen sind „particeps" = „teilhabend", „pars" = „Teil, Anteil" und „partitio" = „Teilung"; im Englischen finden sich „part" = „Teil" und „partner" = „Teilhaber"; im Französichen „paronnier" = „Teilhaber" und (altfrz.) „parçon" = „Teilung"[100].

Aus der Etymologie heraus läßt sich der Begriff der Partizipation also umschreiben als „bei etwas Partner/Teilhaber sein, an etwas teilhaben, etwas abbekommen von dem, was jemand anders hat".

[98] Brockhaus (1968)
[99] Duden Bd. 5 (1982)
[100] Duden Bd. 5 (1982)

46

Das Konzept der Partizipation
in einigen ausgewählten Pflegetheorien

In der Geschichte der Pflegetheorien ist das Konzept der Partizipation relativ neu. Florence Nigthingale beispielsweise bezeichnete Pflege als eine Manipulation der Außenumgebung der Kranken in der Form der Beeinflussung von Luft, Licht, Wärme und anderen Faktoren, wodurch die Selbstheilung gefördert würde. Sie erwartete von Pflegenden zwar einerseits, daß sie ihren Kranken die Bedürfnisse „von den Lippen ablesen"[101], andererseits sollen sich aber die Pflegenden ein Urteil über die vermutliche Befindlichkeit der Kranken bilden, ohne diese mit Fragen nach deren Empfindungen oder Bedürfnissen zu behelligen[102]. Solange aber die Kranken nicht wenigstens an der Validierung der durch die Pflegeperson vorgenommenen Einschätzung des Krankheitserlebens beteiligt werden, bleibt diese Einschätzung meines Erachtens bloße Vermutung. Auch aus Nightingales Ausführungen darüber, wie Pflege zu planen und durchzuführen sei, ergeben sich keine Hinweise auf einbeziehende oder teilhabende Methoden. Aus den Überlegungen Nigthingales läßt sich somit schließen, daß die Idee der „entscheidenden Beteiligung" der Kranken an der Pflege noch nicht bekannt gewesen sein dürfte.

Erst in den fünfziger und sechziger Jahren des zwanzigsten Jahrhunderts gewinnt in den USA die Idee von der „Pflege als Beziehungsprozeß zwischen Pflegenden und Gepflegten" an Bedeutung. Peplau beispielsweise definierte als erste Theoretikerin dieser Richtung die sechs verschiedenen Rollen der Pflegenden, die diese während der vier Phasen einer pflegerischen Beziehung einnehmen kann. Partizipation in Sinne einer Beteiligung am Pflegeprozeß findet nach Peplau vor allem in vier Rollen statt: in der Rolle des „Fremd-seins", die sich durch Akzeptanz und positives Interesse am anderen auszeichnet; in der Rolle „der Person mit Ressourcen", in der Pflegende zum Beispiel ihre Pflegepläne erklären und kompetente Auskunft geben; in der „Rolle der Lehrenden", in der die Pflegende vom Wissensstand des Patienten ausgeht, und in der „Rolle der Führenden", in der die Pflegende mit dem Patienten zusammen an der Lösung seiner Probleme arbeitet. Peplau empfiehlt dabei Methoden wie die „nicht-direktive Beratung" oder die „demokratische Führung"[103], die eindeutig partizipative Elemente aufweisen: *„Die Krankenschwester hilft dem Patienten durch eine Beziehung, bestehend aus Kooperation und aktiver Teilnahme, seine vorliegenden Aufgaben zu erfüllen."*[104]

Der Gedanke, Pflege als zwischenmenschliche Beziehung zu verstehen, wurde während der siebziger und achtziger Jahre noch von einigen weiteren Theoretikerinnen (unter ihnen z.B. Orlando und Travelbee) aufgenommen. In der weiteren

---

[101] Nigthingale (1878 / 1980) p 182
[102] Nightingale (1878 / 1980) p 191
[103] interpretiert bei Heuer (1993), p 27
[104] zitiert in Carey et al, in: Marriner-Tomey (1992), p 315

47

Entwicklung der modernen Pflegetheorien in den siebziger und achtziger Jahren bilden verschiedene Konzepte und/oder Kategorien der Partizipation wichtige Elemente der Theorie. Interessant ist dabei auch die jeweils verwendete Terminologie: In einigen der mir vorliegenden Texte werden zum Beispiel Begriffe wie Klient[105] anstatt Patient[106] benützt, was mit dem Menschenbild der AutorInnen zusammenhängen dürfte. Ich werde im folgenden die Begriffe „Patient" bzw. „Klient" verwenden, wenn diese im Originaltext beziehungsweise der Übersetzung so benützt wurden. Dort, wo ich im Text keine eindeutigen Hinweise fand, werde ich neutralere Begriffe wie „Mensch" oder „PflegeempfängerIn" verwenden. Im folgenden werden wiederum nur einige ausgewählte Zitate dargestellt aus denjenigen Theorien, mit denen ich mich im Laufe meiner Ausbildung näher befassen konnte. Eine ausführliche Darstellung aller Theorien, die sich mit der Idee der Partizipation befassen, würde den Rahmen dieser Arbeit sprengen.

Roy[107] sieht den Menschen als ein adaptives System. Externe und interne Stimuli werden in „Kontrollprozessen" aufgearbeitet. Ein Bestandteil dieser Kontrollprozesse ist der Bewältigungsmechanismus des „Kognators", der wiederum Beurteilungs-, Problemlösungs-und Entscheidungsprozesse enthält. Die Theorie Roys impliziert, daß der Mensch und „Patient" als ein Mensch wertgeschätzt wird, der eigene Entscheidungen trifft. Das Ziel der Pflege besteht darin, dem Menschen bei seinen Anpassungsbemühungen zu helfen. Pflegende müssen dazu die Erfahrungen, Werte und Ziele als interne Stimuli sowie die Krankheit, das Kranksein und die Kraftquellen als externe Stimuli des Pflegeempfängers berücksichtigen[108]; das bedeutet, daß dieser und nicht etwa die Pflegeperson sagen muß, wie er die Krankheit und das Kranksein empfindet. Partizipation hat hier demnach wechselseitige Anteile: Einerseits läßt der Patient die Pflegende teilhaben an seinem Erleben und Bewältigen von Krankheit und Kranksein, andererseits läßt die Pflegende den Patienten teilhaben an ihrem professionellen Wissen und ihren Erfahrungen, indem sie ihm, auf seine individuelle Situation bezogen, beim Anpassen an die Umwelt[109] hilft.

King bezeichnet in ihren Annahmen über den Menschen das Individuum unter anderem als „wahrnehmendes, vernünftiges, kontrollierendes und zielbewußtes Wesen."[110] Das formale Objekt der Pflege ist das Interagieren von Menschen mit ihrer Umwelt. Pflege ist danach ein zwischenmenschlicher (und partizipativer) Prozeß von Aktion, Reaktion, Interaktion und Transaktion: Voraussetzung dafür, daß Transaktionen stattfinden können, ist Wahrnehmungsgenauigkeit in der Interaktion zwischen Pflegenden und ihren Klienten. Diese Transaktionen führen

---

[105] lat. von clinare, anlehnen.
[106] lat. der Duldende, der Erleidende
[107] Blue et al in: (1992), p 484
[108] Huch (1993) p 168
[109] von der Übersetzerin wird dafür der Terminus "managen der Umwelt" verwendet, der hier aus Gründen der sprachlichen Ästhetik nicht übernommen wird.
[110] interpretiert von Ackermann et al in: Marriner-Tomey (1992) pp 505

zur Zielerreichung und damit zu effektiver Pflege, bei der Zufriedenheit auftritt. Wahrnehmungsgenauigkeit wird dann erreicht, wenn Pflegende ihre Beobachtungen, Wahrnehmungen und die daraus abgeleiteten Einschätzungen über den Patienten mit diesem besprechen und nötigenfalls korrigieren (=validieren), anstatt sich ausschließlich auf die eigene Einschätzung innerhalb ihres eigenen Bezugsrahmens zu verlassen. Indem die Pflegende den Patienten so an ihrer Einschätzung teilhaben läßt, findet Partizipation statt durch das „Mit-Teilen" der Wahrnehmungen und der darin enthaltenen Bewertungen/Einschätzungen.

Orem führt an, daß die Person, die Pflege empfängt, der Pflegenden gestatten muß, ihr zu helfen, möglichst ohne daß die Entscheidungsgewalt auf die Hilfsperson übergeht: *„Ideally, the helper assists the person in making inquiries, decisions and plans whenever possible and prudent"*[111]. (Im Idealfall hilft die betreuende Person dabei, Nachforschungen anzustellen, zu planen und Entscheidungen zu fällen, wann immer dies möglich und sinnvoll erscheint.) Fremdpflege ist ausschließlich bei Vorliegen eines Selbstpflegedefizites legitimiert. Selbstpflege wird dabei definiert als erlerntes und zielgerichtetes Verhalten, das der Erhaltung von Leben, Gesundheit und Wohlbefinden dient; ein Selbstpflegedefizit ist dessen (teilweise) Nichterfüllung. Dies setzt eine differenzierte Diagnose des Selbstpflegedefizites voraus, bei der Orem drei Kategorien von Ursachen unterscheidet. Selbstpflegedefizite entstehen danach aufgrund eines Wissensmangels, aufgrund eines Mangels an Entscheidungsfähigkeit oder aufgrund mangelnden Vermögens zur Durchführung von Selbstpflege. Das Ziel der Pflege besteht darin, die Selbstpflegefähigkeiten wiederherzustellen mittels adäquater Hilfeleistungen, das heißt, daß ein (nicht partizipatives) „Überpflegen" in der Theorie von Orem unmöglich ist. Die Pflegeperson muß unter anderem die „von der Person angestrebten ... Ziele" berücksichtigen[112]. Orem nennt dafür fünf Pflegemethoden, wovon drei partizipativen Charakter aufweisen, indem sie auf die nutzbaren und erbrachten Selbstpflegeleistungen des Pflegeempfängers abstellen und auf diesen aufbauen: 1. die Methode der Anleitung, bei der die Ausführung der Selbstpflege durch die PflegeempfängerIn selbst geschieht und dabei von der Pflegeperson geführt/angeleitet wird; 2. die Methode derjenigen Unterstützung, bei der die Pflegeperson für eine „entwicklungsfördernde Umgebung" sorgt und 3. die Methode der Unterrichtung, bei der Pflegende die erforderliche Selbstpflege mit dem Pflegeempfänger gemeinsam entwickelt. Mit den beiden anderen Methoden wird keine Aussage über Partizipation gemacht.

Parse[113] beschreibt den Menschen als „ein offenes Wesen, das Bedeutungen in bestimmten Situationen frei auswählt und die Verantwortung für Entscheidungen trägt." Die Pflegepraxis ist „darauf ausgerichtet, die Familienbeziehungen zu erläutern und zu mobilisieren im Licht der Bedeutung, ... , wie sie in den geschaf-

---

[111] Orem (1995) p 16
[112] Evers (1995) p 68
[113] interpretiert von Lee/Schmuacher in Marriner-Tomey (1992) pp 271

fenen Strukturen der Beziehung ausgesprochen werden." Für die Entscheidungen, die die gepflegte Person trifft, bilden daher deren persönliche Werte die Grundlage und nicht etwa die Werte der Pflegenden. Partizipation betrifft demnach den gesamten Pflegeprozeß, indem sowohl die Pflegeeinschätzung als auch die Entscheidung über die Pflegeplanung in Abstimmung mit den PatientInnen geschieht.

Definitionen, Beschreibungen und Kategorien des Konzeptes

Das Konzept der Partizipation sowie dessen Entwicklung wird vor allem von Brearley (1990) im Rahmen einer Literaturstudie und hier unter anderem aus historischer, soziologischer und psychologischer Perpektive ausführlich dargestellt. In der historischen Perspektive sei danach eine Erklärung für die vormals zumeist passive Rolle der Kranken gegenüber den Medizinern im sprunghaft angestiegenen Wissen über Heilmethoden (Wissensmacht) genauso wie in der Verfügungsmacht über Heilmittel zu suchen. In der soziologischen Perspektive hätten professionalisierende Veränderungen in Bezug auf die Rolle der verschiedenen Leistungsanbieter im Gesundheitswesen (Ärzte, Pflegepersonal, Therapeuten) auch zu einer veränderten Beziehung zu deren Kunden geführt. In der psychologischen Perspektive unterstreicht sie unter anderem den positiven Wert, den das Gefühl von „Kontrolle ausüben können" für die PatientInnen habe. Sie unterscheidet zusammenfassend drei Kategorien des Partizipationsbegriffes: 1. Selbsthilfe im Sinne von Selbstpflege, 2. Ersatz professioneller Gesundheitsfürsorge durch Laienpflege und -behandlung, 3. Demokratisierung durch Einbezug der Konsumenten in die sozialpolitischen Entscheidungen im Gesundheitswesen.

Biley (1992) diskutiert die Veränderung der vormals passiven Rolle der Kranken. Er zitiert dabei unter anderem eine fünfstufige Graduierung von Partizipation (nach Klein 1974), die seitens des Partizipanten von (passiver) Informationsaufnahme über (passiv empfangene) Beratung mit freier Entscheidung, über Aushandeln/Verhandeln bis über gleichgeschaltete Entscheidungsmacht und schließlich bis hin zum Vetorecht reicht. Er konstatiert aber zusammenfassend, daß eine einheitliche Definition des Konzeptes zur Zeit nicht vorliegt. In seiner phänomänologischen Untersuchung generiert er aufgrund einer modifizierten „*grounded theory*" nach Glaser/Strauß drei Kategorien von Partizipation. Danach wird Partizipation von den Gepflegten gewünscht, „*1. wenn ich mich wohl genug fühle; 2. wenn ich genug weiß und 3. wenn ich kann*". In Bezug auf die erste Kategorie stellt er einen Zusammenhang zu Orems Theorie des Selbstpflegedefizits her, indem die Gepflegten mit gesteigertem Wohlbefinden auch eine Steigerung ihrer Selbstpflegefähigkeiten feststellen. Die zweite Kategorie weist auf den Informationsvorsprung der professionellen Pflegenden gegenüber den Laien hin: Die Laien partizpieren dann, wenn dieser Informationsvorsprung ausgeglichen werden kann sowie auch in Bezug auf Aktivitäten des täglichens Lebens, über die die Laien mehr wissen als die Pflegenden. Die dritte Kategorie hängt zusammen mit organisatorischen Rahmenbedingungen: Partizipation wird gefördert oder vermindert, wenn institutionelle Vorgaben des Krankenhauses Einfluß nehmen wie beispielsweise verordnete Besuchs- oder Essenszeiten, die vorgegebene Größe der Patientenzimmer oder ähnliches.

Gage (1994) gebraucht den Begriff „Partizipanten" in Bezug auf PatientInnen, die aktiv an ihrer Pflege teilnehmen im Rahmen einer „patientenfokussierten Pflege", in welcher die „Mitglieder des Unterstützungssystems der KlientInnen in die Pflege und Pflegeentscheidungen einbezogen sind"[114]. Partizipation ist danach die gemeinsame Entscheidungsfindung aufgrund eines Informationsaustausches und pflegerischer Beratung bei der Erstellung eines Pflegeplanungsdokumentes. Bei dieser Pflegeplanung gehe es vor allem darum, die Sicht der PatientInnen zu erfahren. Das Vorgehen ist eingebettet in das Pflegeorganisationssystem des *„primary nursing".*

Ashworth et al (1992) diskutieren in ihrem Papier den Zusammenhang zwischen Partizipation und *„caring"*. Bei dem Versuch, die charakteristischen Merkmale von Partizipation zu umschreiben, gelangen sie in ihren Schlußfolgerungen zu zwei zentralen Themen: 1. die direkte und unmittelbare Verständlichkeit der spezifischen Ziele, Aufgaben, Abläufe etc. eines Krankenhauses für die Partizipanten und 2. eine gewisse persönliche Selbstsicherheit und Gelassenheit des Partizipanten, die ihm eine von Bedrohung und Angst freie Begegnung mit den Professionellen des Krankenhauses erlaubt. In Bezug auf die konkrete Umsetzung im Praxisalltag weisen sie allerdings auch auf den Unterschied hin, der zwischen „involvieren" und „partizipieren" bestehe. Danach mögen wohl Pflegende mit einem holistischen Zugang Partizipation verkörpern, organisatorische oder institutionelle Maßnahmen an sich könnten aber noch keine Partizipation herbeiführen.

Hanucharurnkui/Vinya-nguag (1991) verstehen Partizipation sowohl als Selbstpflege im Oremschen Sinne einer aktiven Beteiligung an der Erbringung der Dienstleistung „Pflege" als auch im Sinne von King als Interaktion und Transaktion. Aus der Anlage ihrer Untersuchung geht hervor, daß unter Partizipation einerseits der Einbezug der PatientInnen zum Beispiel in Bezug auf präoperativ instruierte Pflegetechniken (Übungen zum Abhusten, zur vertieften Atmung etc.) sowie andererseits in Bezug auf eine gemeinsam von Pflegenden und PatientInnen erstellte Pflegeplanung verstanden wird.

Waterworth/Luker (1990) gebrauchen den Begriff „Partizipation" synonym mit dem Begriff der *„collaboration"* (engl. für Zusammenarbeit) und *„involvement"* (engl. für Beteiligung, Einbezug). Sie liefern dabei allerdings weder eine eigene, eindeutige Definition noch berufen sie sich auf vorhandene Definitionen. Aus dem Textzusammenhang wird aber dennoch deutlich, daß mit dem Begriff der Partizipation insbesondere die gemeinsame Entscheidungsfindung

---

[114] Gage (1994), p 26, Übersetzg. d. Verf.

von PatientIn und Pflegeperson in Bezug auf die Pflegeplanung (Zielsetzung und Maßnahmenplanung) gemeint ist.

Bei Dennis (1990) wird Partizipation beschrieben als eine kognitive Kontrolle beim Empfangen und Verarbeiten von wichtigen Informationen. Danach wollen PatientInnen „über die diagnostischen Maßnahmen, ihre Diagnose, ihre Behandlung sowie die Auswirkungen auf ihren zukünftigen Lebensstil"[115] informiert werden und sie wollen diese Informationen auch verstehen. Dennis bringt aber ebenfalls keine eigene, eindeutige Definition des Konzeptes.

Brearley (1990) und Jewell (1994) verweisen auf die Definition von Partizipation von Brownlea (1987)[116]: „*Participation means getting involved or being allowed to become involved in a decision-making process or the delivery of a service or the evaluation of a service, or even simply to become one of a number of people being consulted on an issue or matter*". (Partizipation bedeutet, am Prozeß der Entscheidungsfindung beteiligt zu werden, an der Ausführung oder Evaluierung einer Dienstleistung oder einfach bei einem Problem oder einem Thema hinzugezogen zu werden bzw. zu diesem allem die Möglichkeit zu erhalten.) Hieraus lassen sich drei Kategorien des Partizipationsbegriffes ableiten: 1. Einbezug in einen Entscheidungsfindungsprozeß, 2. Einbezug in die Erbringung und Bewertung einer Dienstleistung und 3. Beratung zu einem bestimmten Thema. Brownlea liefert meines Erachtens mit dieser Kategorisierung einen umfassenden Überblick sowie eine brauchbare Arbeitsdefinition von Partizipation, die sich in einen interessanten Zusammenhang mit dem Instrument der Pflegevisite in der Definition nach Heering/Heering (1994)[117] setzen läßt.

Heering/Heering (1994) unterziehen das Pflegeverständnis der derzeitigen Pflegepraxis einer kritischen Betrachtung. Sie bemängeln dieses Pflegeverständnis als zu stark medizinorientiert und damit für eine holistische Pflege ungeeignet. Dabei wird auch kritisiert, daß die Pflegeprozeß-Planung (Siehe Abb. 2) statt gemeinsam mit den PatientInnen fernab von diesen im Stationsbüro geschieht. Es wird deshalb vorgeschlagen, die Pflegevisite nach der folgenden Definition einzuführen: „*Die Pflegevisite ist ein regelmäßiger Besuch bei und ein Gespräch mit der/dem KlientIn über ihren/seinen Pflegeprozeß. Die Pflegevisite dient der gemeinsamen 1. Benennung der Pflegeprobleme und Ressourcen beziehungsweise der Pflegediagnose, 2. Vereinbarung der Pflegeziele, 3. Vereinbarung der Pflegeinterventionen, 4. Überprüfung der Pflege.*" Im Erfahrungsbericht[118] wird neben der Veränderungsarbeit an den institutionellen Rahmenbedingungen auch die Arbeit an den Haltungen der beteiligten Pflegepersonen beschrieben. Im folgenden wird der oben genannte Zusammenhang zwischen der Definition von Partizipation nach Brownlea (1987) und der Pflegevisite in der Definition von Heering/Heering (1994) verdeutlicht:

---

[115] Dennis (1990), p 162
[116] Jewell (1994), p 434 und Brearley (1990), p 4
[117] Heering/Heering (1994), pp 372
[118] Heering, K. (1995)

Im ersten Schritt, der Datensammlung und der Analyse der Daten (Einschätzung), findet Partizipation statt, indem der Patient der Pflegenden mitteilt, was sein Körper an Reaktionen auf einen veränderten Gesundheitszustand fühlt und was diese Empfindungen für ihn bedeuten. Der Patient wird also als Experte des eigenen Krankseins angesehen und „berät" gewissermaßen die Pflegende bei der Bewertung der gesammelten Daten (*„participation means ... to become one of a number of people being consulted on an issue or matter")*[119]. (Partizipation bedeutet ... eine der Personen zu werden, die bei der Beratung über ein Thema oder Problem hinzugezogen werden.)

Partizipation geschieht bei der Analyse der gewonnen Daten mit dem Ziel der Problembestimmung (Pflegediagnostik), entweder durch unmittelbare gemeinsame Entscheidungsfindung von KlientIn und Pflegeperson oder aber durch die Validierung der von der Pflegeperson objektiv getroffenen Pflegediagnose mit dem/der KlientIn. Im ersteren Fall, der gemeinsamen Problembestimmung, ist es wiederum der Klient, der mitteilt, welche Auswirkungen der Krankheit ihn stören und welche nicht, welchen Grad der Abhängigkeit/Unabhängigkeit er für sich feststellt und was in seiner Einschätzung die ursächlichen Faktoren hierfür sind. Im zweiten Fall, in dem mit Pflegediagnosen gearbeitet wird, ist eine Pflegediagnose als eine Zustandsbeschreibung zu verstehen, die das Erleben des Krankseins aus der Sicht der KlientInnen mit einem abstrakten Sammelbegriff auszudrücken versucht[120]. Erst durch die Überprüfung der Pflegediagnose wird diese bestätigt und gleichzeitig der abstrakte Sammelbegriff mit Bedeutung gefüllt. Sowohl für die Pflegenden als auch für die KlientInnen wird durch diese Validierung besser nachvollziehbar und verständlich, welche Bedeutung die Pflegediagnose hat und an welchen pflegerischen Problemen gearbeitet werden soll.

Beim zweiten und dritten Schritt, der eigentlichen Planung, bestimmen Pflegeperson und KlientIn in gemeinsamer Entscheidungsfindung die zu erreichenden Ziele und die dazu führenden Maßnahmen (*„participation means getting involved or being allowed to become involved in a decision-making process ...")*. Dabei ist wiederum das Erleben des Krankseins durch den Klienten sowie dessen Wünsche nach Situationsveränderungen der Maßstab der Planung und nicht die Wünsche der Pflegeperson: der Klient entscheidet in eigener Verantwortung, ob und wieweit 1. die festgestellten Ursachen beseitigt werden sollen, 2. die störenden Auswirkungen beseitigt werden sollen, 3. ein höherer Grad der Unabhängigkeit erreicht werden soll und 4., wann diese Ziele erreicht sein sollen. Die Pflegende stellt dem Klienten die dafür benötigten Informationen aufgrund ihres professionellen Fachwissens zur Verfügung und unterstützt ihn bei der Entscheidungsfindung.

---

[119] vgl. hierzu z.B. Alfaro LeFevre (1994) p 71 sowie Käppeli in: Steffen-Bürgi et al (1995) pp 17

[120] vgl. unter vielen anderen die Definitionen des Pflegediagnose-Begriffs bei Carpenito (1992), der North American Nursing Diagnosis Association (ebd.), Steppe (1995) am ACENDIO-Kongreß in Brüssel, AG Curriculum AKP Aarau (1992), Heering (1993) und (1996)

1. Schritt: Datensammlung

(systematisches Erfassen pflegerelevanter Informationen, als Pflegeanamnese zu Beginn und als Status während des Pflegeprozesses
zum Beispiel
– zu den Aktivitäten des täglichen Lebens (ATL)
– zur Biografie
– zur aktuellen Situation

2. Schritt: Analyse

– Benennung des Pflegeproblems/der Pflegeprobleme unter:
  · Beschreibung des störenden Auswirkungen
  · Bestimmung des Grades der Abhängigkeit/Unabhängigkeit
  · Beschreibung des Ursachen des Pflegeproblems

bzw. (falls mit Pflegediagnosen gearbeitet wird)

– Stellung der Pflegediagnose(n) unter Nennung
  · der Bezeichnung der Pflegediagnose(n)
  · der mitwirkenden oder ursächlichen Zusammenhänge
  · der charakteristischen Phänomene („signsand symptoms")
  · der beobachteten, charakteristischen Phänomene

3. Schritt: Planung

3.1 Zielsetzung:
KlientIn und Pflegende vereinbaren miteinander, wieweit
– die Ursachen beseitigt oder vermindert werden sollen/können
– ein höherer Grad der Unabhängigkeit erreicht werden soll/kann
– die störenden Auswirkungen beseitigt werden sollen/können
– Bewältigungsstrategien entwickelt werden sollen/können
– wann diese Ziele erreicht sein sollen/können

3.2 Interventionsplanung
KlientIn und Pflegende vereinbaren miteinander, welche Interventionen
durchgeführt werden sollen und legen fest, wann, wie, durch wen, womit, wieviel gemacht werden soll

4. Schritt

Durchführung der Pflege

5. Schritt: Überprüfung der Pflege

5.1 Überprüfung des Pflegeergebnisses:
– wurden die vereinbarten Pflegeziele erreicht?
bzw. (falls mit Pflegediagnosen gearbeitet wird):
– Anwendung der Überprüfungskriterien („outcome criteria")

5.2 Überprüfung der Pflegeleistung
– orientierten sich die Pflegeleistungen an den Ursachen des Pflegeproblems?
– waren die Pflegeleistungen auf die vereinbarten Ziele bezogen?
– steigerten die Pflegeleistungen das Wohlbefinden der KlientIn?
– waren die Pflegeleistungen wirtschaftlich?

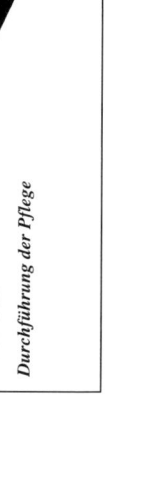

Abbildung 2:   Der Pflegeprozeß

Die Auswertung der Pflege (Punkt 4 in der Definition, Schritt fünf in der Abbildung auf der nächsten Seite) beteiligt die PflegeempfängerInnen unmittelbar, indem wiederum deren Sicht Maßstab der Zielerreichung ist „*participation means getting involved or being allowed to become involved in ... the delivery of a service or the evaluation of a service ...*". Zusätzlich erhebt die Pflegeperson direkt bei „ihrem Kunden" Daten zur Qualitätssicherung, indem sie die Pflegeleistungen anhand der beruflich vorgegebenen Qualitätskriterien Sicherheit, Wirksamkeit und Wohlbefinden anhand seiner Aussagen überprüft.

Diese Art des pflegetherapeutischen Gespräches kann auch als eine klientenzentrierte und nicht-direktive Beratungssituation verstanden werden, innerhalb derer der Klient/die Klientin dazu ermuntert wird, sein/ihr Erleben der Situation darzustellen und gemeinsam mit der Pflegeperson sowie dem von ihr zur Verfügung gestellten Fachwissen eine Lösung oder einen Lösungsweg zu suchen. C. Rogers[121] stellt in seiner grundlegenden Hypothese zur nicht-direktiven Beratung fest: „*Wirksame Beratung besteht aus einer eindeutig strukturierten, gewährenden Beziehung, die es dem Klienten ermöglicht, zu einem Verständnis seiner selbst in einem Ausmaß zu gelangen, das ihn befähigt, aufgrund dieser neuen Orientierung positive Schritte zu unternehmen.*"

Um den KlientInnen wirklich eine „*gewährende Beziehung*" anbieten zu können, ist allerdings auf Seiten der Pflegepersonen eine gewisse Haltung oder Einstellung nötig. Diese Haltung wird von C. Rogers[122] charakterisiert durch 1. empfindsames, einfühlendes Verstehenwollen, 2. die respektvolle Annahme, daß der/die KlientIn die „*hinlängliche Fähigkeit hat, konstruktiv mit all jenen Aspekten seines Lebens fertig zu werden, die ihm zu Bewußtsein gelangen*" und 3. Echtheit und Kongruenz der Beratungsperson, Aspekte also, die in ähnlicher Weise auch bei Ashworth et al (1992) angeführt wurden und weiter oben unter den Dimensionen des „*caring*" diskutiert wurden.

Bewertung und Bedeutung des Konzepts

Das Konzept wird in der Literatur durchaus unterschiedlich bewertet. Während sich Waterworth/Luker (1990), Brearley (1990), Biley (1992) und Asworth et al (1992) eher zurückhaltend oder sogar distanzierend äußern, unterstreichen Hanucharurnkui/Vinya-nguag (1991), Gage (1994), Dennis (1990) und Moran (1995) die positiven Effekte der Partizipation.

Waterworth und Luker (1990)[123] diskutieren im Zusammenhang mit allen erwähnten Kategorien der Partizipation die Frage, ob Menschen überhaupt in bestimmten (Krankheits-)Situationen in ihre Pflege involviert werden wollen, und gelangen in ihrer phänomänologischen Untersuchung zum Schluß, daß nicht alle

---

[121] Rogers, C. (1972) p 28
[122] Rogers, C. (1981), p 37
[123] Waterworth/Luker (1992) pp 973

PatientInnen involviert werden möchten, und daß daher individuelle Pflege nicht ohne weiteres gleichzusetzen ist mit Partizipation. Vielmehr ergab die Datenauswertung, daß die Probanden widerwillig partizipierten, wenn die Schwestern dies wünschten, aufgrund des von Waterworth/Luker so genannten „*toeing-the-line*"[124]-Effektes.

Brearley (1990) warnt vor allzu idealistischem Eifer und ideologischer Verbrämung des Konzeptes und streicht heraus, daß dem Ziel der Partizipation eine grundlegende Veränderung der tragenden Strukturen des von ihr als krank bezeichneten Gesundheitswesens vorausgehen müsse.

Biley (1992) vermutet, daß eine vermehrte Kontrolle über den kleinen Teil des Krankenhauslebens (z.b. die selbständige Körperpflege) den PatientInnen ein Gefühl von verminderter Kontrolle in anderen, vielleicht eher technischen Bereichen erleichtern könnte. Dies könnte verminderte Gefühle von Hilflosigkeit bedeuten sowie das emotionale und das physische Wohlbefinden steigern.

Ashworth (1992) et al widmen sich in ihrem theoretischen Diskurs insbesondere den sprachlichen und soziologischen Aspekten und Hemmnissen der Partizipation. Sie stellen heraus, daß Patienten in einem Krankenhaus auch dann Laien bleiben, wenn man sie gut informiert. Erschwerend wirke, daß das Krankenhauspersonal soziologisch gesehen eine Gruppe mit einer eigenen (Fach-)Sprache und eigenen Umgangsformen darstellt, zu der auch ein gut informierter Laie keinen uneingeschränkten Zugang hat. Sie argumentieren weiter, daß auch die Macht über die Auswahl der erteilten Informationen wiederum beim Krankenhauspersonal liegt und sich somit einer Kontrolle durch die Laien entzieht[125].

Hanucharurnkui/Vinya-nguag (1991)[126] stellten in ihrer experimentellen quantitiven Studie (n = 40) fest, daß die partizipierenden PatientInnen weniger Schmerzempfinden zeigten, weniger Schmerzmittel brauchten, häufiger mobilisiert waren, weniger Komplikationen hatten und zufriedener waren als die PatientInnen der Kontrollgruppe.

Gage (1994) berichtet ihre Erfahrungen aus einem Pilotprojekt mit interdisziplinären, das heißt von Pflegenden und PatientInnen gemeinsam beschlossenen Pflegeplänen. Dabei konnte sie feststellen, daß 1. PatientInnen sich mehr ernst genommen fühlten, 2. die Pflegenden mehr Zeit im direkten Umgang mit den PatientInnen aufwendeten, 3. die PatientInnen die Behandlung besser verstanden und 4. die Teamqualität sich verbesserte. Sie weist im übrigen ebenfalls auf die problematischen etymologischen Konnotationen des Begriffes „Patient" hin und empfiehlt den Begriff „Klient".

Dennis (1990) untersuchte in einer replizierten quantitativen Studie (n = 90) die Aspekte von durch PatientInnen ausgeübten Kontrolle über die Situation und bestätigte Banduras Theorie des sozialen Lernens, indem sie einen Zusammen-

---

[124] „toeing the line" (engl.): linientreu sein, seinen Verpflichtungen nachkommen. (Muret-Sanders enzyklopädisches Wörterbuch, Langenscheidt 1992)

[125] vgl. hierzu auch die Diskussion der Resultate aus dem Vergleich der Patientenrechte weiter oben.

[126] Hanucharurnkui/Vinya-nguag (1991) p 14; p 19

hang zwischen (einer tendenziell positiveren) Wahrnehmung des Krankseins und einer bewußt ausgeübten Kontrolle feststellte. Brearley (1990) gelangt in einer Zusammenfassung verschiedener AutorInnen zu dem Schluß, daß 1. Partizipation das Gefühl von Kontrolle steigert, unabhängig davon, ob tatsächlich Kontrolle ausgeübt wird oder nicht, daß 2. Partizipation – unabhängig vom Ergebnis – an und für sich positiv sein könne, und daß 3. die Partizipation im Rahmen der Entscheidungsfindung die Pflegeergebnisse verbessert.

Moran et al (1995)[127] untersuchten in ihrer quantitativen Studie (n = 156) einen Teilaspekt der Partizipation, nämlich die Wirksamkeit des Informationsflusses zwischen Pflegenden und Kurzzeit-PatientInnen. Sie konnten zeigen, daß intensivierte Information und Instruktion vor der Entlassung höhere Zufriedenheit der PatientInnen und verbesserte Fähigkeit zur Selbstpflege erzeugte. Diese Ergebnisse wurden allerdings nicht in einen direkten Zusammenhang mit dem Konzept der Partizipation gesetzt.

Zusammenfassung

Die Frage: „Welche pflegewissenschaftlichen Konzepte und Theorien sind im Zusammenhang mit Selbstbestimmung und Information von Bedeutung?" läßt sich zusammenfassend wie folgt beantworten: Das Konzept der Partizipation schließt das Recht auf Selbstbestimmung und das Recht auf Information ein. Der Versuch der Begriffsklärung „Partizipation" bei den verschiedenen AutorInnen weist auf verschiedene Ebenen der Definition hin. In der Zusammenfassung werden deshalb die Ebene des Inhaltes (die konzeptuelle Ebene), die Ebene der (politischen) Einbettung (kontextuelle Ebene) und die Ebene des inneren Aufbaus (strukturelle Ebene) unterschieden.

Die konzeptuelle Ebene

Die charakteristischen inhaltlichen Merkmale des Konzepts Partizipation lassen sich mit Begriffen wie 1. Einbezug in/Beteiligung an einem Entscheidungsfindungsprozeß, 2. Zusammenarbeit im Prozeßverlauf und 3. Kontrolle über den Prozeßverlauf umschreiben. Diese Merkmale lassen sich zudem verschiedenen Ebenen der Person zuordnen; dies nicht, um deren Vernetzung untereinander in Frage zu stellen, sondern um aufzuzeigen, daß Partizipation verschiedene Ebenen der Person betreffen kann.

Zu 1.:
Der Einbezug in/bzw. die Beteiligung an einem Entscheidungsfindungsprozeß geschieht vorwiegend auf der rational-intellektuell-kognitiven Ebene der Person. Dabei geht es, neben der Vermittlung, Weitergabe und dem Austausch von Infor-

---

[127] Moran et al (1995), pp 37

mationen zwischen Pflegenden und Gepflegten, auch um das Verstehen und Zuordnen dieser Informationen, um das Voraussehen von Konsequenzen von Entscheidungen und um die Realitätsbezogenheit der Einschätzungen. Wenn Pflegende diese Elemente berücksichtigen, können sie den PflegeempfängerInnen Partizipation auf dieser Ebene ermöglichen, mit möglicherweise günstigen Auswirkungen auf einen effizienten Umgang mit den eingesetzten therapeutischen Mitteln sowie eine früher einsetzende Selbstpflege.

Zu 2.:

Die Zusammenarbeit im Prozeßverlauf läßt sich der physisch-körperlichen Ebene der Person zuordnen. Pflegepersonen fördern gezielt die körperliche Aktivität und Mobilität mit dem Ziel der Steigerung der Selbständigkeit und Unabhängigkeit in den Lebensaktivitäten beziehungsweise einer früher einsetzenden und effektiveren Selbstpflege.

Zu 3.:

Das Gefühl, Kontrolle über den Prozeßverlauf zu haben, ist der emotionalen Ebene der Person zuordbar. Es kann bereits durch die Ausübung köperlicher Aktivität entstehen, bei der den Gepflegten ihre noch vorhandenen Fähigkeiten bewußt werden.[128] Es kann auch entstehen, wenn Gepflegte auch schon kleine gewünschte Veränderungen ihres Zustandes real wahrnehmen. Pflegende bieten hier Unterstützung, indem sie auch kleine Veränderungen und Fortschritte sichtbar machen. Dies setzt voraus, daß sie bei der Bewertung mit den Augen der Gepflegten sehen müssen, weil deren Bewertungen und Bedeutungen von Fortschritten andere sein können als die der „Profis". Auch wenn Pflegende beispielsweise die PatientInnen ermutigen, sich aktiv an den Arztvisiten zu beteiligen, kann ein Gefühl von Kontrolle vermittelt werden. Das Gefühl von Kontrolle kann aber auch entstehen, wenn den Gepflegten nur vorgegaukelt wird, maßgeblichen Einfluß auf den Prozeßverlauf zu haben. In zweien der vorgestellten Aufsätze wurde die Meinung vertreten, daß die Vermittlung eines wenn auch nur illusorischen Gefühls von Kontrolle an sich einen „guten Wert" darstelle, unabhängig vom Ergebnis. Andere sehen die Auffassung bestätigt, daß das Gefühl von Kontrolle einen günstigen Effekt auf die Sichtweise und das Erleben des Krankseins bedeutet.

Kontextuelle Ebene

Partizipation ist mit drei Voraussetzungen verbunden: 1. mit der Haltung und Einstellung der Pflegenden, 2. mit der Rolle der Gepflegten und 3. mit den strukturellen und institutionellen Rahmenbedingungen innerhalb des Gesundheitswesens.

---

[128] vgl. das „ich kann" bei Kesselring (1994)

Zu 1.:

Das Konzept der Partizipation bezeichnet (in Bezug auf die professionelle Pflege) auch eine bestimmte innere Haltung und Einstellung der Pflegenden. Diese Haltung beinhaltet die Überzeugung, daß jeder Mensch, mit Carl Rogers gesprochen, grundsätzlich die *„hinlängliche Fähigkeit hat, konstruktiv mit all jenen Aspekten seines Lebens fertig zu werden, die ihm zu Bewußtsein gelangen"* (Rogers (1981), p 37). Diese ist verbunden mit dem Willen, als Pflegende eine (ebenfalls mit Rogers gesprochene) *„gewährende Beziehung"* zum Gepflegten eingehen zu wollen. Innerhalb dieser Beziehung kommt ferner eine Haltung zum Ausdruck, die von *„Echtheit, Kongruenz und empfindsamem, einfühlendem Verstehenwollen"* (Rogers (1981), p 37) geprägt ist.

Zu 2.:

Partizipation fordert aber auch von den Gepflegten, daß diese eine aktive Rolle einnehmen, daß aus den zumeist passiven und gemäß Wortsinn „geduldigen, leidenden PatientInnen" kritische, selbstbewußte und aktive KlientInnen werden. Trotz der *offensichtlichen Vorteile*, die partizipative Pflege bringen kann, ist nach der Untersuchung von Waterworth/Luker (1990) nicht sicher, ob dies von den PatientInnen überhaupt gewollt ist. Nach Biley (1992) lassen sich zumindest einige Faktoren ausmachen, die die Partizipation bei der Entscheidungsfindung beeinflussen[129].

zu 3.:

Die Komplexität unseres auf High-Tech-Medizin ausgelegten Gesundheitswesens erschwert die Partizipation ebenfalls: Durch die verwirrende Vielfalt von hochspezialisierten Fachexperten und deren Hoch-Technologie-Ausrüstung wird ein immens zunehmender Kostendruck verursacht. Dies führt zu demokratisch kaum mehr kontrollierbaren Rationalisierungs- und Rationierungsmaßnahmen und zu zentralistischen und damit schwer überschaubaren Versorgungsstrukturen[130]. Hinzu kommt der Einfluß, der durch die inneren, steil hierarchischen und zutiefst paternalistischen Strukturen der einzelnen Krankenhäuser auf Gepflegte und Pflegende einwirkt. Partizipation läßt sich danach kaum isoliert betreiben, sowohl die Infrastrukturen als auch die Organisationssysteme (z.B. *primary nursing*, Bereichspflege) müssen dies zulassen beziehungsweise fördern.

Die strukturelle Ebene

In Bezug auf die Pflege bezeichnet Partizipation eine aktive Teilnahme der Gepflegten an allen fünf Schritten des Pflegeprozesses; dazu gehören sowohl der Einbezug der KlientInnen als *den* ExpertInnen ihres Krankheitserlebens bei der Datensammlung und -einschätzung, der Einbezug in die Entscheidungsfindung über Pflegeziele und -maßnahmen, der Einbezug in die Durchführung von Pflege

---

[129] vgl. auch meine Ausführungen zum Autonomie-Begriff weiter oben
[130] vgl. u.a. Baumann-Hölzle (1990), Weß (1994), Brearley (1990)

beziehungsweise Selbstpflege als auch der Einbezug in die Bewertung der Zielerreichung und der Qualität der Pflegeleistungen. Dies kann die gemeinsame Erstellung des Pflegeplanungsdokumentes beziehungsweise die Validierung des von der Pflegenden erstellten Pflegeplanungsdokumentes durch die PatientInnen beinhalten. Hier bietet sich die Pflegevisite nach Heering/Heering (1994) als mögliches Instrument für die Umsetzung an.

Die Befragung

Die Untersuchungsmethode wird den üblichen Gepflogenheiten entsprechend vorgestellt. Anhand der Auswahlkriterien der InformantInnen wird die Reliabilität und die Validität diskutiert. Die anschließende Datenpräsentation führt zu den Kategorien Vertrauen, Kontrolle und ernst genommen werden. Die Diskussion der Resultate bestätigt im wesentlichen die zuvor gewonnenen theoretischen Erkenntnisse, wonach die befragten KrankenhauspatientInnen unter gewissen Bedingungen wünschen, am Pflegeprozeß im Wortsinne „entscheidend" beteiligt zu werden. Die Methode der Pflegevisite in der Definition von Heering/Heering erscheint danach als geeignetes Instrument, einem modernen, – partizipativen – Pflegeverständnis hinreichend Rechnung zu tragen. Die Untersuchung schließt mit der Empfehlung, weitere Untersuchungen zur Abstützung oder Widerlegung der gewonnen Erkenntnisse durchzuführen, aber auch mit der Forderung, daß bereits jetzt aus ethischen und rechtlichen Überlegungen heraus mit einer breiten Einführung der Pflegevisite nach Heering/Heering im Akutpflegebereich begonnen werden sollte.

Methodologie

Forschungsfragen

1. Welche Bedeutung hat die Selbstbestimmung im Zusammenhang mit Pflege für PatientInnen in einem Akutkrankenhaus?
2. Welche Bedeutung hat die Information im Zusammenhang mit Pflege für PatientInnen in einem Akutkrankenhaus?

Untersuchungsansatz

Mit der Untersuchung sollen die Bedeutung der Elemente Information und Selbstbestimmung im Rahmen des übergeordneten Konzepts der Partizipation für die Befragten benannt werden können. Die Fragestellung betrifft also Daten innerhalb der Wahrnehmung und des persönlichen Erlebens von Individuen. Für die Untersuchung ist deshalb eine Anlage zu wählen, die der dabei zu erwartenden Diversität und Individualität der InformantInnen hinreichend Rechnung trägt. Zu diesem Zeitpunkt geht es noch nicht darum, die Anzahl gleichlautender oder ähnlicher Aussagen in ein Verhältnis zur Gesamtzahl der InformantInnen zu setzen. Ebensowenig geht es darum, nach Korrelationen zwischen Attributen der InformantInnen und deren Aussagen zu suchen.

Zu diesem Zweck eignet sich ein qualitativer Zugang, dessen Wesen beispielsweise von Burnard/Morrison (1995)[131] in sieben, von Mayring (1993 a)[132] in fünf charakterisierenden Merkmalen ausgedrückt wird. Danach eignet sich der qualitative Ansatz unter anderem dann, wenn Menschen („Subjekte" bei Mayring) im Zentrum der Untersuchung stehen, wenn deren persönliche Sichtweisen und Bedeutungen erforscht werden sollen, und wenn es eher um deren Auslegung und Erklärung geht als um die Gewinnung statistischer Zahlenwerte.

Untersuchungsmethode

Die Erkenntnisse aus der Bearbeitung des theoretische Rahmens bewegen sich um die beiden Fragen, welche Bedeutung KrankenhauspatientInnen den Partizipationselementen „Information" und „Selbstbestimmung" beimessen. Die Zuordnung von Bedeutung geschieht jedoch im Innern der Person; sie ist demnach von außen nicht unmittelbar beobachtbar, kann aber unter bestimmten Voraussetzungen von der Person verbal mitgeteilt werden. Hierzu eignet sich das problemzentrierte Interview nach Witzel[133], bei dem einerseits die Problemstellung vorher durch den Untersucher eingeführt wird, und an der sich das Interviewgespräch orientiert, das aber andererseits die InformantInnen möglichst frei zu Wort kommen läßt. Die von den InformantInnen zu erfüllenden Voraussetzungen werden im Abschnitt „Sampling" ausführlich dargelegt.

Ethische Aspekte

Wie im Kapitel „Ethische Perspektive" ausführlich dargelegt, gelten im Bereich des Gesundheitswesens eine Reihe von ethischen Geboten, auch und besonders in Bezug auf die Durchführung von Forschungsuntersuchungen. Hierzu gehört, daß die Subjekte der Forschung grundsätzlich ausführlich über das Forschungsvorhaben informiert werden müssen, daß sie durch das Forschungsvorhaben keinen Nachteil erleiden dürfen und der Forscher sie vor Schaden zu schützen hat, daß ihre Zusage zur Teilnahme an der Untersuchung absolut freiwillig ist und ohne Nachteil jederzeit zurückgezogen werden kann, daß die gewonnenen Infor-

---

[131] Burnard/Morrison (1995) p 71
[132] Mayring (1993 a), p 27
[133] zitiert bei Mayring (1993 a), p 46

mationen absolut vertraulich behandelt werden müssen und daß das Ziel der Untersuchung einem übergeordneten „guten Wert" dienen muß. Diesen Vorgaben kann zu einem Teil mit einem Formular im Sinne eines *„informed consent"* entsprochen werden. Zu einem weiteren Teil kann dem durch Vorlage des Vorhabens bei der hauseigenen Ethikkommission entsprochen werden, die über die Einhaltung der Gebote befindet. Zum dritten habe ich als Person versucht, diesen Geboten durch einen entsprechenden Umgang mit den KandidatInnen gerecht zu werden, wie dies im nächsten Abschnitt ausführlich beschrieben wird.

Sampling

Die für eine Befragung in Betracht kommenden KandidatInnen[134] sollten eine Reihe von Kriterien erfüllen:

1. schriftlich erklärte Bereitschaft, freiwillig an der Untersuchung mitzuwirken
2. Fähigkeit zu adäquater und zu verbaler Kommunikation in einer deutschen Sprache
3. Aufenthalt im Akutspital mindestens eine, höchstens drei Wochen
4. Bereitschaft zur Durchführung des Interviews außerhalb des Krankenhauses innerhalb von drei Wochen nach der Entlassung

- **zu 1.: schriftlich erklärte Bereitschaft, freiwillig an der Untersuchung mitzuwirken:**
  Aus den oben genannten ethischen Gründen kam für mich nur eine absolut freiwillige Teilnahme in Frage. In einem kurzen persönlichen Gespräch informierte ich die in Frage kommenden KandidatInnen über mein Vorhaben und ermunterte sie, nach Unklarheiten zu fragen. Ich hinterließ ihnen meine dienstliche und private Telefonnummer mit der Bitte, mich bei Unklarheiten oder Fragen jederzeit anzurufen. Dies wurde von keinem der KandidatInnen in Anspruch genommen. Im ersten Informationsgespräch legte ich Wert darauf, noch keine Entscheidung über eine Teilnahme zu bekommen, um die KandidatInnen vor einem „Überrumpelungseffekt" zu schützen und ihnen Gelegenheit zum Überdenken zu geben. (Von den zwei KandidatInnen, die mir die Einverständniserklärung sofort unterschrieben mitgeben wollten, habe ich später nichts mehr gehört.) Ich überließ ihnen jeweils zwei Exemplare der Einverständniserklärung und einen an mich adressierten und frankierten Umschlag. Dieses Vorgehen erforderte von den KandidatInnen mehrere aktive Schritte (Ausfüllen

---

[134] Mit dem Begriff „KandidatInnen" werden im folgenden die Personen bezeichnet, die um ihre Beteiligung an der Befragung gebeten worden waren. Für diejenigen Menschen, die sich tatsächlich an der Untersuchung beteiligten, werden die im folgenden gebrauchten Begriffe „InformantIn", „Befragte", „GesprächspartnerInnen" aus Gründen der sprachlichen Auflockerung synonym gebraucht.

des Formulars, Einwerfen in den Briefkasten, Versorgen der Kopie der Erklärung in den eigenen Unterlagen), durch die ich das Kriterium „Freiwilligkeit" zu erfüllen hoffe. In einem Fall, bei dem ich während des Informationsgespräches den Eindruck gewann, daß das Interview eine zu starke psychische Belastung bedeuten könnte, habe ich der ursprünglich zustimmungswilligen Kandidatin selber von einer Teilnahme abgeraten.

- **zu 2.: Fähigkeit zu adäquater und zu verbaler Kommunikation in einer deutschen Sprache:**
  Die Untersuchungsmethode des Interviews setzt die adäquate verbale Kommunikationsfähigkeit voraus. Ich bin mir bewußt, daß aufgrund dieses Kriteriums Menschen, die beispielsweise an einer Aphasie leiden, genauso ausgeschlossen werden wie Menschen, deren geistige Prozesse eingeschränkt sind. Es wäre aus Gründen der *Reliabilität* wichtig, gerade von diesen Menschen zu erfahren, welche Bedeutung Information und Selbstbestimmung für sie hat, da sie vermutlich eher einer paternalistischen Pflege unterzogen werden als andere. Hierfür müßte jedoch eine andere Methode gewählt werden, die meine Möglichkeiten überstiege. Das Interview sollte zudem in einer deutschen Sprache (Hochsprache oder Mundart) geführt werden können, da ich andere Sprachen und deren kulturelle Aspekte nicht hinreichend verstehe, um Zuordnungen und Interpretationen vornehmen zu können.

- **zu 3.: Aufenthalt im Akutspital mindestens eine Woche, höchstens drei Wochen**
  Einerseits sollten die InformantInnen über ein frisches und nachdrückliches Erleben auf einer Pflegestation verfügen; hierfür schätze ich eine Verweildauer von einer Woche als hinreichend ein. Andererseits kamen Menschen mit voraussichtlich mehr als drei Wochen stationärem Aufenthalt aus Gründen der zeitlichen Untersuchungsplanung nicht mehr in Frage, zumal bei vielen der Entlassungszeitpunkt völlig offen war (ein Informant, der bereits schriftlich eingewilligt hatte, erlitt eine Komplikation und wurde erst vier Monate später entlassen).

- **zu 4.: Bereitschaft zur Durchführung des Interviews innerhalb von drei Wochen nach Entlassung außerhalb des Krankenhauses**
  Die InformantInnen sollten deshalb erst nach ihrer Entlassung befragt werden, um sie vor einem möglichen Gefühl von „eingeengt sein in der Krankenhausatmosphäre" zu bewahren[135]. Das Erlebnis sollte auch zum Zeitpunkt des Interviews nicht länger als drei Wochen zurückliegen, da spätere Datenerhebungen möglicherweise an einer Verzerrung infolge von veränderten oder angepaßten Bewältigungsformen der InformantInnen leiden. Da die Phase der Datenerhebung in die Zeit der Sommerferien fiel und einige der angefragten PatientInnen anschließend an ihren Krankenhausaufenthalt einen Ferienaufent-

---

[135] Smith (1975), zitiert bei Biley (1992), p 416

halt eingeplant hatten, konnte dieses Kriterium von vierzehn KandidatInnen nicht erfüllt werden. Jeweils nachdem ich eine Einverständniserklärung zugesandt bekommen hatte, bat ich die Stationsleitung, mir den Entlassungstag mitzuteilen. Jeweils etwa zwei bis drei Tage später setzte ich mich dann telefonisch mit den KandidatInnen in Verbindung, um einen Gesprächstermin zu vereinbaren. Von den sieben KandidatInnen, mit denen das Interview zustande kam, traf ich mich mit zweien in einem öffentlichen Restaurant nach ihrer Wahl, die anderen fünf durfte ich in ihrer Wohnung aufsuchen.

Zusammenfassung:

total angefragt:	**32**
davon abgesagt	**21**
davon wegen Terminproblemen	**14**
total zugestimmt	**11**
davon abgeraten	**1**
davon Termin verstrichen	**3**
total durchgeführt	**7**
davon ungültig	**1**
total analysiert	**6**
davon Frauen	**3**
davon Männer	**3**

Pilotuntersuchung

Die Pilotuntersuchung wurde von K. Heering[136] im Rahmen ihrer Abschlußarbeit durchgeführt und zum Teil von mir begleitet. Dabei ergab sich, daß die Anzahl der Fragen auf zwei plus zwei Beispielfragen zu vermindern war. Ebenso mußte festgestellt werden, daß der Begriff der „Autonomie" von den Befragten unterschiedlich interpretiert wurde. Er wurde deshalb in der Hauptuntersuchung durch den Begriff „Selbstbestimmung" ersetzt. Im übrigen wurde aber durch die Pilotuntersuchung die Relevanz der Untersuchungsfragen bestätigt.

Vorgehen

Ich legte Wert darauf, die InformantInnen jeweils möglichst in einer ihnen vertrauten Umgebung zu befragen, um ihnen ein größtmögliches Gefühl von Kontrolle über die Situation zu geben. Zwei der Gespräche fanden in einem öffentlichen Restaurant in unmittelbarer Nähe der Wohnung statt, die anderen fünf Gespräche in der Wohnung der InformantInnen selber. Im Vorgespräch informierte ich meine GesprächspartnerInnen jeweils nochmals kurz über den Sinn des Gespräches und machte sie nochmals auf ihre Rückzugsmöglichkeiten während und

---

[136] Heering, K. (1994)

nach des Gespräches aufmerksam. Ich achtete darauf, daß ich den InformantInnen jeweils gegenüber sitzen konnte, um Blickkontakt halten zu können. Das Tonbandgerät von der Größe einer Zigarettenschachtel stellte ich zwecks guter Aufnahmequalität zwischen uns; ich schaltete die Aufnahme erst ein, nachdem ich nochmals die Zustimmung hierfür eingeholt hatte. Ich begann das Interview immer mit der folgenden Bitte: „Bitte erzählen Sie mir – wie war das für Sie mit der Selbstbestimmung im Spital?" Während des Interviews achtete ich darauf, nur solche Einwürfe und Fragen zu stellen, die meinem Verständnis dienten oder wieder zum Interviewthema zurückführten, zum Beispiel „Bitte berichten Sie mir ein Beispiel, bei dem Sie über Ihre Pflege informiert wurden." (Interviewleitfaden im Anhang). Die Gespräche dauerten zwischen ca. fünfundvierzig und sechzig Minuten und wurden von einem ca. zehnminütigen Nachgespräch gefolgt, das der Reflexion und der Verabschiedung diente. Themenbezogene Informationen, die ich von zwei Informanten noch im Nachgespräch erhielt, wurden zwar nicht mehr auf Tonband aufgenommen, aber von mir schriftlich protokolliert.

Auswertung

Alle Interviews wurden auf Tonband aufgenommen, transkribiert und anschließend mit der qualitativen Inhaltsanalyse nach Mayring (1993 b)[137] ausgewertet. Um mir einen ersten Überblick zu verschaffen, hörte ich in Abständen von jeweils einem Tag jeweils zwei zufällig ausgewählte Interviews nacheinander ab. Dieses Vorgehen wiederholte ich nach einer Pause von einem Tag in einer anderen wiederum zufälligen Gruppierung. Danach begann ich mit einer paraphrasierenden Transkribierung und der gleichzeitigen Übertragung ins Hochdeutsche. Es kann allerdings trotz meiner als gut zu bezeichnenden Sprachkenntnisse der „Schweizer Mundart" nicht ausgeschlossen werden, daß dabei Spracheigenheiten und kulturelle Konnotationen nicht oder nicht hinreichend erkannt wurden. Die entstandenen Paraphrasen wurden kodiert, schematisch generalisiert, reduziert und kategorisiert. In der Datenpräsentation werden die so gewonnenen Kategorien durch theoriegeleitete Interpretation expliziert und mit sogenannten „Ankerbeispielen" (besonders prägnanten Zitaten von InformantInnen) unterlegt.

Validität

Die Gültigkeit oder Validität einer Untersuchung hängt davon ab, ob das für die Messung verwendete Instrument tatsächlich das mißt, was es zu messen vorgibt. Eine interne oder „kommunikative" Validierung kann durch Rücküberprüfung mit den InformantInnen geschehen; dies war jedoch aus zeitlichen Gründen nicht mehr mit allen InformantInnen möglich. Eine externe Validierung kann durch Überprüfung und Vergleich mit gleich oder ähnlich gelagerten Untersuchungen

---

[137] Mayring (1993 b) pp 56

zum gleichen Thema geschehen, dieses Verfahren wird jedoch mit Recht stark angegriffen[138]. Für die Kontrollkodierung bat ich eine erfahrene Krankenschwester mit höherer Fachausbildung Stufe 1 um Mithilfe. Dabei ergab sich ein hohes Maß an Übereinstimmung. Die Validität der anschließend präsentierten Resultate ist deshalb im Rahmen dieser Einschränkungen gegeben.

Resultate

Aus den Daten wurden die Hauptkategorien *Vertrauen, Kontrolle* und *ernst genommen werden* gewonnen. In allen drei Kategorien lassen sich Subkategorien im Sinne von Gegensatzpaaren mit einem Kontinuum von *gegeben* bis *nicht gegeben* bilden, die sich jeweils aus zum Teil charakteristischen Merkmalen in den Aussagen der InformantInnen herausbildeten:

Vertrauen:	
Vertrauen haben	kein Vertrauen haben
Kontrolle:	
Kontrolle ausüben	keine Kontrolle ausüben
ernst genommen werden:	
ernst genommen werden	nicht ernst genommen werden

Vertrauen

Vertrauen haben:
Die InformantInnen berichteten auffallend häufig mit ähnlichen Formulierungen von Situationen, in denen sie sich wohl abhängig von den Pflegenden fühlten, aber nicht unbedingt in einem negativen Sinne auf Gedeih und Verderb ausgeliefert. Dies waren Situationen, in denen sich die Befragten in einer krankheitsbedingt sehr schlechten Verfassung befanden – unmittelbar nach einer schweren Operation, an Apparate oder Schläuche angeschlossen, in Schmerzen, noch nicht wieder ganz wach, noch zu schlapp, noch zu sehr mit dem Verarbeiten einer ungünstigen Diagnose beschäftigt und ähnliches. In diesen Situationen wollten sie weder langatmig über Pflegeverrichtungen informiert noch in Pflegeentscheidungen einbezogen werden, sondern erwarteten von den Pflegenden (und übrigens auch von den Ärzten), daß auch wichtige Entscheidungen ohne ihre Mitbestimmung gefällt wurden. Als Voraussetzung wurde dazu entweder eine wahrgenommene oder erwartete fachliche Kompetenz oder ein bestimmter Habitus der Pflegepersonen genannt. Dazu sagte B:

---

[138] vgl. die ausführliche Diskussion bei Mayring (1993 b), p 103

„... das sind hier die Profis – ich erwarte von ihnen, daß die wissen, was sie zu tun haben. Das sind studierte Leute. Was ich kann, ist ihnen zu sagen, wie mein Körper fühlt. Ja, ich übergebe eigentlich meinen Körper an die Leute – da ist einfach das Vertrauen, was man haben muß."

Ähnlich drückte sich A aus:

„Da laß ich mit mir machen, da hab ich das Vertrauen."

Im alltäglichen Stationsgeschehen sind die Durchführung von Maßnahmen als AssistentIn des Arztes wie zum Beispiel Verbandwechsel oder die Verabreichung von Medikamenten wichtige und bestimmende Elemente. Die sachgerechte Durchführung allein bildet jedoch noch kein Vertrauen. Vertrauen konnte dann entstehen, wenn die Pflegenden sich auch Zeit nahmen für Gespräche, bei denen es nicht nur um medizinisch-technische Aspekte ging. Hierzu sagte B:

„Wichtig ist natürlich, daß ich das Gespräch mit der Schwester haben konnte, nicht nur über die Infusionen, sondern auch so die ganze psychische Seite... Es tut gut, wenn man ab und zu im Zwischenmenschlichen ein Gespräch mit der Schwester haben kann und die einen so ein bißchen unterstützt."

Vertrauen entstand allerdings nicht ohne weiteres, von Vertrauen geprägte Beziehungen stellten sich nicht automatisch zwischen allen Pflegenden und ihren PatientInnen ein. Für die Befragten war es häufig jeweils eine bestimmte Person, zu der sie ein vertrauensvolles Verhältnis aufbauen konnten. So kommt es dazu, daß PatientInnen wissen wollten, wer sie betreut, daß sie auf „ihre" Schwester warteten, daß sie wissen wollten, wann sie wieder zum Dienst kommt und sich darauf freuten, weil sie sich bei ihr in guten Händen fühlten.

F schildert diese Art einer vertrauensvollen Beziehung zu einer bestimmten Krankenschwester mit eindrücklichen Worten:

„Da war ich dann ganz entspannt – dann konnte ich locker sein. Wissen Sie, ich konnte ja nichts machen – so eine schwere Operation – und lag nur da. Und da war diese Schwester – wissen Sie, ich bin sonst so ein nervöser Mensch... Ich rege mich immer soviel auf. Und wenn ich diese Schwester hereinkommen hörte – ich wußte schon, daß sie es war, wenn die Tür aufging. Dann wurde ich wieder ruhig, dann war ich entspannt, dann konnte ich wieder locker sein."

Kein Vertrauen haben/Vertrauen zerstören:

Es wurden aber auch Situationen von Verlust von Vertrauen geschildert, die einschüchterten und verletzten. Zum Beispiel erlebte C folgende Situation:

„Es hat auch Schwestern gegeben, wenn man nur einmal was gesagt hat, haben sie einem das Köpfli gemacht[139] – da, als ich doch den Tumor hatte – habe

---

[139] CH-Dialekt: eine Umschreibung für eine Art der Zurückweisung

ich mal nachgefragt. Und da hat sie mir zur Antwort gegeben: Sie müssen halt warten wie andere auch. Dabei war es doch nur eine Frage. Das hat mir lange, lange weh getan. Ich war danach empfindlicher auf so etwas."

Auch G drückte sich sehr ähnlich aus:

„Und wenn man dann etwas sagt, muß man damit rechnen, daß sie einem den Kopf machen."

Pflegende nahmen mit der Ausstrahlung ihrer Persönlichkeit, ihrem Verhalten und der Art und Weise, wie sie den Gepflegten gegenübertreten, Einfluß darauf, ob Vertrauen aufgebaut oder zerstört wurde. Im Falle A's löste sich die Situation dadurch, daß die betreffende Pflegende sich offenbar einer anderen Patientin zuteilen ließ und A so aus dem Weg ging:

„Sie hat mich dann ganz komisch angeguckt und nichts mehr gesagt. Danach kam dann immer eine andere, ich habe sie danach nicht mehr gesehen. Ich glaube, sie wollte nicht mehr zu mir."

Kontrolle

Die Befragten nannten aber auch solche Situationen, in denen sie nicht nur eine passive Rolle einnehmen wollten, obwohl sie durchaus Vertrauen hatten. Dies waren Situationen, in denen sich der Gesundheitszustand der InformantInnen wieder gebessert hatte, sie sich in der Regel besser fühlten und in denen sie gerne mitbestimmten, um die Qualität ihres Aufenthaltes zu verbessern und aus der wahrgenommenen Abhängigkeit herauszukommen. Die Befragten wollten dabei besonders in denjenigen Situationen mitbestimmen oder selber entscheiden, die in direktem Zusammenhang mit ihrer Befindlichkeit standen und die sie in ihren grundlegenden täglichen Lebensaktivitäten unmittelbar betrafen. Das Bedürfnis, Kontrolle auszuüben, ist jedoch tendenziell weniger vorhanden bei den Dingen, über die die PatientInnen weniger wissen als die Pflegenden; dies betrifft vor allem medizinische oder pflegefachliche Fragen.

Kontrolle ausüben:

Das Bedürfnis der Befragten, Kontrolle ausüben zu wollen, betrifft grundlegende tägliche Lebensaktivitäten, die direkt mit ihrer Befindlichkeit zu tun haben. Die PatientInnen möchten gern sobald wie möglich wieder die gewohnten Zustände herstellen, in denen sie sich wohl fühlen. G faßte dies so zusammen:

„Ich würde gern bei der alltäglichen Pflege ein wenig mitbestimmen, so beim Waschen oder beim Essen, oder daß man mal ein wenig nach draußen begleitet wird, wenn auf die Schläuche aufgepaßt werden muß oder ich nicht weiß, wo eine Steckdose ist für den Tropfenzähler und so."

Die PatientInnen möchten gern ihren Tagesablauf mitbestimmen können bei Maßnahmen, die nicht unbedingt nach einem fixen Zeitplan ablaufen müssen, so beispielsweise die Sitzbäder, die D machen mußte:

> *„Und auch mit den Handtüchern, das mußte ich nachher gar nicht mehr sagen. Das haben die dann von alleine gemacht, das war hundertprozentig. Ich erhielt dann auch mein Kamillenbad, ich hatte ihnen gesagt, daß ich nicht gern jeden Tag darum fragen wollte. So konnte ich dann gehen, wenn es mir paßte. "*

Ein wichtiger Punkt innerhalb des Tagesablaufes betrifft den Zeitpunkt des morgendlichen Aufstehens, den viele der Befragten gern selber bestimmen können möchten. So sagte G:

> *„Das hat mich schon gestört – um sechs kamen sie mit dem Thermometer, dann mußte man um halb sieben aus dem Bett und sich waschen, damit man dann Frühstück essen konnte. Dabei hätte ich gern noch eine Stunde länger geschlafen. Unter der Woche macht mir das ja nichts aus, aber am Wochenende waren die Tage unglaublich lang. "*

D drückte sich ganz ähnlich aus und brachte ebenfalls Umstände seines gewohnten täglichen Lebens ein:

> *„Ich habe seit 25 Jahren ein eigenes Geschäft und mache das so, wie ich das für richtig halte. Ich lasse mich nicht gern schulmeistern. Ich arbeite immer nachts und bin einen anderen Tagesablauf gewohnt. Da läßt man sich nicht gern um halb sechs aus dem Bett werfen. "*

Auch das eigene, wahrgenommene Bedürfnis nach Körperpflege stimmte nicht immer überein mit den Ansprüchen der Pflegenden. G wünschte sich, mehr Kontrolle ausüben zu dürfen als nur über den Zeitpunkt der Unterstützung bei der Körperpflege mitbestimmen zu dürfen:

> *„Und dann kommen sie einem immer den Rücken waschen – auch wenn's vielleicht gar nicht nötig ist. Da fragen sie einen: Soll ich Ihnen den Rücken jetzt oder später waschen, anstatt: Brauchen Sie heute meine Hilfe. "*

D unterschied ausdrücklich:

> *„... als es mir schlecht ging, da ist sie immer gekommen zum Füße waschen und da unten so. Dann* (als es wieder besser ging) *wollte ich das aber nicht mehr und habe es ihr auch gesagt. Das war in Ordnung, das hat sie akzeptiert. "*

Weitere solcher grundlegenden Aktivitäten, die direkt das Wohlbefinden der PatientInnen betrafen und dazu geeignet waren, ihre Abhängigkeit vom Pflegepersonal zu vermindern, betrafen den Appetit beziehungsweise den Hunger und die Auswahl bei der Essensbestellung. Dazu sagte D:

„Beim Essen, da mußte man erst einmal den Rank suchen[140], das konnten wir dann aber soweit einfädeln. Ich hatte mir dann auch so überlegt, daß ich kein Säurezeug essen wollte, einfach keine Experimente so kurz nach der Operation. Das konnte ich klar sagen, was ich wünschte."

Für B war wichtig, daß er sein Bedürfnis im Bereich des Regulierens der Körpertemperatur einbringen konnte:

„Das war schon eine Erleichterung zu wissen, ich konnte sagen, wie ich das wollte (gemeint ist eine spezielle Wärmedecke postoperativ), nachher, als die Wärme unter mir wegging. Da war es mir schon viel wohler."

Keine Kontrolle ausüben:
Wenn die Befragten zu wenig oder nichts über bestimmte Verrichtungen wußten, war es ihnen erschwert, Kontrolle auszuüben und mitzubestimmen. Dies betrifft naturgemäß vor allem fachliche Fragen in Bezug auf die Diagnose-, Behandlungs- und Pflegeverfahren. Dazu sagte D:

„Auf die Tabletten und die Spritzen konnte ich keinen Einfluß nehmen. Da mußte man nicht drum fragen, die sind einfach gekommen, da konnte man sich darauf verlassen."

Auch A drückte sich ganz ähnlich aus:

„Bei vielen Dingen ist das Mitentscheiden schon schwierig, zum Beispiel bei Medikamenten kann ich natürlich nicht mitentscheiden. Da habe ich ja viel zuwenig Informationen drüber, da weiß ich ja gar nicht wofür. Dann lasse ich das schon mit mir machen. Das ist schon gut, die wissen schon, was richtig ist."

Wenn die PatientInnen aber die benötigten Informationen erhielten, gab ihnen dies wiederum ein Gefühl von „selber etwas verändern können", also eine Verminderung des Abhängigkeitsgefühls. F erfuhr:

„Die hat mir auch genau gesagt, was ich machen müßte. Sie hat mich gefragt, ob ich das wüßte, mit der Thrombose. Sie hat mir das dann gesagt, was ich machen muß, so Füße hochziehen und so, ich wußte das ja gar nicht. Die hat sich schon gekümmert."

Es liegt ebenfalls in der Natur der Sache, daß gewisse Informationen für die PatientInnen existentielle Bedeutung haben, wie zum Beispiel die Prognose oder die zu erwartenden Einflüsse auf den späteren Lebensstil. Hierzu sagte B:

„Ich wollte nachher wissen, wie geht das weiter mit dem Verlauf und der weiteren Erholung – muß ich noch eine Kur machen oder so, was muß ich noch tun, damit es mir besser geht, kann ich gleich wieder arbeiten, wie sieht mein

---

[140] CH-Dialekt: eine Umschreibung für „einen gemeinsamen Weg, einen gemeinsamen Entschluß" suchen

weiterer Verlauf aus – ist dann die Heilung schon fertig, das dauert ja auch noch, bis der Darm wieder richtig arbeitet. "

Es sind aber nicht nur die Informationen allein, die die PatientInnen in die Lage versetzten, etwas zu verändern. Zum Teil benötigen sie neben der rein sachlichen Aufklärung und Information über die reinen Sachverhalte hinaus auch noch die Unterstützung und den Beistand der Pflegenden, um die Hemmschwelle bei der Arztvisite überwinden und ihre Fragen stellen zu können. G konnte Vergleiche zwischen zwei Pflegenden anstellen: Während sie bei der Arztvisite von der einen Schwester nicht genügend Unterstützung erhielt, setzte sich eine andere offenbar hilfreich für sie ein:

„Ich wäre manchmal froh gewesen, wenn sie mich ermuntert hätte, meine Frage zu stellen. So war dann plötzlich der Moment vorbei, daß ich meine Fragen stellen konnte. Die eine Schwester, das habe ich super gefunden, die hat immer für mich gefragt. Und das kann man ja vorher abmachen, ob der Patient oder die Schwester das vorbringt. "

Ernst genommen werden

Den Befragten war es wichtig, von den Pflegenden als mündige Person wahrgenommen und ernst genommen zu werden. Dies wird für sie einerseits spürbar dadurch, daß die Pflegenden sich ihnen unaufgefordert mitteilen und sie dadurch erkennen lassen, daß sie in den Gepflegten Personen erblicken. Dabei handelt es sich nicht unbedingt nur um die Weitergabe von Informationen, die für die Gepflegten möglicherweise existentielle Bedeutung haben wie zum Beispiel über die Prognose einer als malign vermuteten Erkrankung. Für viele ist es der von Pflegenden bewußt hergestellte Kontakt, der als wohltuend empfunden wird. Im Gegensatz dazu stehen unbedachte Auftritte von Pflegenden in den Krankenzimmern, deren Hintergründe für die PatientInnen nicht oder schwer zu verstehen sind und die ihnen das Gefühl vermitteln, nur eine Nummer, ein Objekt oder ein anonymer Körper mit einer Krankheit zu sein.

Ernst genommen werden:

Es ist vor allem das persönliche Gespräch, das bewirkt, daß sich die PatientInnen ernst genommen fühlen. Das persönliche Gespräch vermittelt den PatientInnen das Gefühl, daß die Pflegenden Zeit für sie haben oder sich für ihre Sorgen und Probleme interessieren und steigert somit das Gefühl von Sicherheit und Wohlbefinden. Dabei kann es, muß aber nicht um Themen gehen, die direkt mit der Krankheit oder dem Kranksein zusammenhängen. B sagte zum Beispiel:

„Ich konnte dann immer noch etwas fragen und ich werde auch gefragt, haben Sie noch einen Wunsch. Manchmal ist man dann auch noch auf ganz andere Themen abgeschweift, das war auch noch angenehm. Die Schwestern reden ja nicht nur miteinander, sondern beziehen mich auch mit ein. Da fühle ich mich ernst genommen. "

Das Gespräch gibt auch Gelegenheit, Zweifel zu äußern oder mögliche Mißverständnisse zu überprüfen und zu korrigieren. F, der einen anderen als den schweizerdeutschen Dialekt spricht, drückte dies so aus:

„Für mich ist das persönliche Gespräch so wichtig, wenn ich weiß, ich darf fragen. Auch die Sprache, wissen Sie, das mit dem Schweizerdeutsch, wenn ich mit der Sr. A (Deutsche) hochdeutsch gesprochen habe, dann hab ich die problemlos verstanden, da mußte ich nichts nachfragen. So im Schweizerdeutsch, da habe ich viel nicht verstanden, da konnte ich ja gar nicht nachfragen, weil ich nicht verstanden habe."

Viele Patienten schätzten aber auch, wenn sie in einem solchen Gespräch noch unaufgefordert und zwanglos Erklärungen über Informationen oder bestimmte Vorgänge erhielten. C, der sich auch zur Pflegevisite äußerte, sagte dazu:

„Aber wenn sie einem dann alles erklären, dann ist man Patient und wird doch für voll genommen. Es ist wirklich ideal, wenn die Schwestern sich hinsetzen, Auskunft geben und sich Zeit nehmen – das ist etwas Großes. Wenn die zu mir gekommen sind, dann war ich viel ruhiger, dann wußte ich wieder, was geht, dann bin ich richtig orientiert."

Nicht ernst genommen werden:

Besonders die Befragten A und G berichteten, sich nicht ernst genommen gefühlt zu haben. Dies Gefühl trat zum Beispiel auf, wenn über sie hinweg anstatt mit ihnen geredet wurde. A.:

„Ich hatte das Gefühl, da läuft alles zwischen Arzt und Schwester. Der Patient ist einfach der, der da zu liegen hat, und dann wurde so miteinander geredet, so über den Patienten hin, so der Arzt mit der Schwester, und der Patient ist dagelegen und konnte nicht viel sagen."

G kritisierte, daß an ihr vorbeigeredet wurde:

„... sie könnten doch einfach mal fragen: Möchten Sie, daß jemand mit Ihnen redet? So war es dann so, daß man mich entweder ganz in Ruhe gelassen hat oder aber, daß mich eine bearbeiten kam..."

Das Gefühl von nicht ernst genommen werden kam auch auf, wenn Zweifel daran bestanden, ob auch wirklich alle wichtigen Informationen mitgeteilt wurden oder ob nicht etwas verheimlicht wurde. Beispielsweise hatte A das Gefühl,

„da wird kaum das Nötigste gesagt. Da habe ich das Gefühl, ich werde nicht ernst genommen. Manchmal ist da nicht so viel Interesse rübergekommen, da waren die ganz woanders."

Wenn eine Pflegende wortlos das Zimmer betritt, um beispielsweise eine Kollegin zu suchen, und das Zimmer ebenso wortlos wieder verläßt, kann ein Gefühl von Depersonalisierung aufkommen. G sagte dazu:

„Das können die sich gar nicht vorstellen, wie das ist. Da ging nur kurz die Tür auf und meine Schwester guckte herein, ich konnte nur den Kopf sehen. Sie sagte irgendwas, was ich nicht verstand. Ich glaube, sie suchte wohl ihre Kollegin. Und ich hatte auf sie gewartet."

Auch das Erscheinungsbild einer abgemagerten Kranken konnte in Zusammenhang mit einem bevormundenden Verhalten von Pflegenden zu einem Gefühl von Minderwertigkeit führen. G.:

„Da hatte ich das Gefühl, ich werde nicht als ein erwachsener Mensch behandelt. Da kommt man, so abgemagert und völlig auf den Felgen, und dann wird man wie ein kleines Kind behandelt, man wird einfach nicht so ernst genommen. Wenn ich dann wirklich mal einen Wunsch hatte, dann wurde da nicht darauf eingegangen, ich kam mir dann manchmal vor wie ein „Zwängli-Kind"[141]. Ich kam mir auch minderwertig vor, wenn ich als kranke Person da so im Bett lag und da die gesunde Schwester."

Diskussion

Alle drei Kategorien stehen untereinander in einem engen Zusammenhang und bedingen sich teilweise gegenseitig. So ist beispielsweise das Gefühl von *„ernst genommen werden"* eine wichtige Voraussetzung für *„Vertrauen haben"*: Die Befragten entwickelten Vertrauen und konnten eine Fremdbestimmung durch die Pflegenden oder auch durch den Arzt eher zulassen, wenn sie sich ernst genommen fühlten. Genauso ist auch das Gefühl, Kontrolle ausüben zu dürfen, mit Vertrauen und „ernst nehmen" verbunden: Das gegenseitige Vertrauen konnte wachsen, wenn Pflegende beispielsweise die PatientInnen bei der Arztvisite darin unterstützten, ihre Anliegen zu vertreten und ihnen so ein Gefühl von „ernst genommen werden" und ein Gefühl von Kontrolle vermittelten.

Vertrauen

Das Vorhandensein von Vertrauen in der Beziehung zwischen Pflegenden und Gepflegten ist offenbar ein bestimmendes Merkmal, ob und in welchem Umfang PatientInnen Selbstbestimmung ausüben oder darauf verzichten. Der Begriff des Vertrauens ist etymologisch verbunden mit Begriffen wie „trauen" im Sinne von „jemandem glauben", mit „sich anvertrauen" und „betrauen" im Sinne von „mit Wichtigem beauftragen"[142]. PatientInnen schenken den Pflegenden Vertrauen, weil sie ihnen glauben, daß sie das Richtige wissen und tun. PatientInnen vertrauen sich Pflegenden an, weil sie sie mit „Wichtigem beauftragen" müssen, das

---

[141] CH-Dialekt: eine Bezeichnung für ein quengeliges Kind
[142] Duden Band 7 (1989)

sie selber nicht ausführen oder entscheiden können. In den Situationen, in denen es den Befragten sehr schlecht ging oder in denen sie einer akuten Bedrohung ausgesetzt waren[143], waren sie froh darüber, daß die Pflegenden die Entscheidungen für sie trafen oder sie erwarteten dies sogar, vorausgesetzt, sie hatten Vertrauen zu den Pflegenden. Der Ausdruck von Vertrauen in der pflegerischen Beziehung ist also gewissermaßen die Legitimation für die Pflegenden, ihre Patienten bei wichtigen Entscheidungen zu unterstützen oder ihnen diese Entscheidungen abzunehmen. Wenn das Vertrauen fehlt oder zerstört wurde, fehlt den Pflegenden demnach diese Legitimation. Wenn sie dann dennoch Entscheidungen für die PatientInnen übernehmen, führt das bei den PatientInnen zu Gefühlen von „ausgeliefert sein".

Pflegende tragen durch die Art und Weise ihres Verhaltens und ihres Auftretens entscheidend dazu bei, Vertrauen herzustellen oder zu zerstören. Die Befragung hat gezeigt, daß Vertrauen in der pflegerischen Beziehung entstehen konnte, wenn die Pflegenden nicht nur fachliche Kompetenz, sondern vor allem auch menschliche Zuwendung ausstrahlten. Wenn sie sich auf die PatientInnen einließen, sich Zeit für sie nahmen und auch mal über andere Dinge als über ihre Krankheit mit ihnen sprachen, fühlten sich die Befragten „locker" und „unterstützt". Wenn Pflegende aber zurückweisende Bemerkungen äußerten oder „das Köpfli" machten, zerstörten sie Vertrauen. Hieraus wird, wie bereits bei Holenstein et al (1996) vermutet, erneut deutlich, daß die menschliche Zuwendung und Fürsorge durch die Pflegenden ein zentrales Merkmal professioneller Pflege ist. Der Begriff der pflegerischen „Fachkompetenz" ist somit zu erweitern: Bisher wurden unter diesem Begriff vor allem gute Fähigkeiten und Kenntnisse im Bereich der Pflegetechniken und medizinischen Prozeduren verstanden. Nunmehr wird immer deutlicher, daß diese Fähigkeiten und Kenntnisse für die Gewährleistung einer sicheren und wirksamen Pflege nicht ausreichen. Der Begriff der pflegerischen Fachkompetenz beinhaltet demnach auch die Gewährleistung von Fürsorge und Zuwendung im Sinne der oben diskutierten Dimensionen von „caring".

Die Resultate zeigen weiterhin auf, daß Pflegende sich bewußt sein müssen, daß sie sich in der Rolle einer für den Patienten wichtigen Bezugsperson befinden. Wenn sie diese Rolle wahrnehmen, können sie in der Beziehung zu ihrem Patienten eine tragfähige Vertrauensbasis herstellen. Der Umstand, daß Patienten zum Teil darauf warten, daß „ihre" Schwester aus dem Frei wieder zum Dienst kommt, weist möglicherweise auf eine Fragmentierung und Diskontinuität in der pflegerischen Beziehung hin. (Hier wäre vielleicht eine Untersuchung des Einflusses der Dienstplangestaltung sowie des Pflegeorganisationssystems auf die pflegerische Beziehung angebracht.) Pflegende müssen demnach die Bereitschaft mitbringen, eine Beziehung mit den PatientInnen eingehen zu wollen, so wie dies von Peplau ausgedrückt wurde: *„Die Krankenschwester hilft dem Patienten,*

---

[143] vgl. besonders Biley (1992)

74

durch eine Beziehung, bestehend aus Kooperation und aktiver Teilnahme, seine vorliegenden Aufgaben zu erfüllen."[144]

Kontrolle

Das Bedürfnis der Befragten, Kontrolle auszuüben, betrifft grundlegende Lebensaktivitäten wie das Essen, die Einteilung des Tagesablaufes, das Bedürfnis nach Aktivität oder Ausruhen und die Körperpflege. Das Bedürfnis nach Mitbestimmung und Kontrolle bei diesen Aktivitäten trat auf, wenn sich der Gesundheitszustand verbessert hatte beziehungsweise die Befragten sich wieder besser fühlten. Wenn den Befragten die Mitbestimmung und Kontrolle ermöglicht wurden, äußerten sie Befriedigung und übernahmen pflegetherapeutisch wichtige Maßnahmen selber und in eigener Verantwortung. Diese Resultate ergeben somit eine Bestätigung der Ergebnisse in der Untersuchung von Biley (1992). Außerdem lassen sich wichtige Verbindungen zur Pflegetheorie von D. Orem herstellen:

Die Pflegenden konnten ihren PatientInnen diese Übernahme von Kontrolle und Verantwortung mit einfachen Mitteln ermöglichen, indem sie ihnen zeigten, wo sich auf dem Stationsflur die Steckdosen für den Tropfenzähler befanden, indem sie benötigte Pflegemittel wie Handtücher und Kamillenbad zur Verfügung stellten oder die PatientInnen ganz einfach ausschlafen ließen durch das Zurückstellen des Frühstücks. Zu diesen einfachen Maßnahmen gehört auch der Austausch von Informationen wie zum Beispiel die Instruktion über thromboseprophylaktische Übungen oder die gemeinsame Abstimmung des Tagesablaufes. Diese Pflegemethoden werden in der Theorie von Orem bezeichnet mit 1. jemanden führen oder leiten, 2. jemanden lehren/belehren und eine 3. entwicklungsfördernde Umgebung schaffen.

Unter diesen Voraussetzungen setzte die Selbstpflege der PatientInnen wieder früher ein, indem die Mobilisation, die Thromboseprophylaxe oder das Sitzbad selbständig ausgeführt wurden.

Pflegende können ihren PatientInnen diese Kontrolle erschweren oder unmöglich machen, indem sie ihnen wichtige Informationen vorenthalten oder sogar verweigern, indem sie ihnen belastende Pflegemaßnahmen nicht oder nicht nachvollziehbar erklären, indem sie sich den Gepflegten gegenüber abweisend oder bevormundend verhalten und indem sie deren tatsächliche Fähigkeiten unterschätzen und sie dies spüren lassen.

Ernst genommen werden

Für die Befragten mußte spürbar werden, daß sich die Pflegenden für sie interessierten, damit sie sich ernst genommen fühlen konnten. Hierzu gehört das spon-

---

[144] zitiert in Carey et al, in: Marriner-Tomey (1992), p 315

tane Gespräch über scheinbare Belanglosigkeiten genauso wie das gezielte Aufklärungs- und Informationsgespräch. Dabei ist die Verständlichkeit der übermittelten Information nicht immer gegeben, obwohl sich die Pflegenden den PatientInnen gegenüber offenbar verständlicher machen konnten als die ÄrztInnen.

Information diente den Gepflegten dabei nicht nur als Grundlage für die Vorbereitung von Entscheidungen, sondern wurde von ihnen auch als Kriterium dafür angesehen, ob sie von den Pflegenden als Personen wahrgenommen und ernstgenommen wurden, so wie Brownlea (1987) dies feststellte: *„A key requirement to participation is access to the appropriate information base. Participants need to be able to ask questions and get answers and to know that those answers represent the true state of the problem being adressed."* [145]: „Eine entscheidende Voraussetzung für Partizipation ist der Zugang zu der angemessenen Informations-Basis. Teilnehmer müssen fähig sein, Fragen zu fragen und Antworten zu bekommen und zu wissen, daß jene Antworten das Problem so darstellen, wie es tatsächlich ist."

Für die PatientInnen ist demnach nicht allein die Information an sich von Bedeutung, sondern auch die **Basis** dieser Information: Die Pflegenden selber **sind** diese Informationsbasis, indem sie über die richtigen Informationen verfügen, diese in den passenden Bezugsrahmen setzen und den PatientInnen verständlich aufbereitet wiedergeben konnten. Die Pflegenden konnten den Befragten auch helfen, die richtigen Fragen zu stellen, indem sie sich von sich aus Gedanken über möglicherweise fehlende Informationen machten und die Gepflegten von sich aus darauf ansprachen.

Die scheinbar banale Erkenntnis, daß dabei **mit** den PatientInnen gesprochen werden muß und nicht **über** sie hinweg, ist aber offenbar noch nicht hinreichend umgesetzt, genauso wie auch das Bedürfnis der PatientInnen nach einem Gespräch gelegentlich entweder nicht erkannt oder aber im Gegenteil überschätzt wurde. [146]

Schlußfolgerungen und Empfehlungen

Aufgrund des engen Rahmens dieser Untersuchung lassen sich keine generalisierbaren Schlußfolgerungen ziehen und auch keine allgemeinen Empfehlungen abgeben. Aber auch wenn es sich bei den untersuchten Erlebnissen nur um Mosaiksteine und Einzelschicksale von Einzelpersonen handelt, sollten die Untersuchungsergebnisse Anlaß sein, verbreitete pflegerische Haltungen und Handlungen einer kritischen Überprüfung zu unterziehen, um den ethisch, rechtlich und pflegewissenschaftlich geforderten Ansprüchen nach mehr Patientenpartizipation gerecht zu werden.

---

[145] zitiert u.a. in Jewell (1994), p 434 und Brearley (1990), p 4
[146] vgl. Messmer (1993)

So sollten beispielsweise bestimmte Pflegehandlungen mit Routinecharakter auf ihre Effektivität und Effizienz überprüft werden, beispielsweise die routinemäßige „Teilwäsche". Auf vielen Stationen der Akutkrankenhäuser gehört es für die Pflegenden immer noch zum schematisierten Ablauf, nach der morgendlichen Dienstübergabe, auf dem Weg ins Patientenzimmer, die Waschschüssel für die Teilwäsche gleich mitzunehmen. Angesichts einer zu allen „Waschtaten" bereiten Pflegenden mag es vielen PatientInnen vielleicht einfacher erscheinen, die Pflegehandlung über sich ergehen zu lassen, anstatt selbstbestimmend eigene Vorschläge über Zeitpunkt und Ausmaß der benötigten Hilfe auszusprechen.

Überprüfenswert erscheint mir auch die Routinehandlung des frühmorgendlichen Fiebermessens, die von einigen Befragten deutlich kritisiert wurde und deren potentiell nützliche Effekte den störenden gegenübergestellt werden sollten.

Generell sollte der routinemäßige Tagesablauf einer Akutstation einer Überprüfung unterzogen werden. Aus einer Reihe von Erfahrungsberichten[147] geht hervor, daß auch die völlige organisatorische Überarbeitung des Tagesablaufes nicht zwangsläufig mehr Personal oder Geld erfordert, sondern im Gegenteil Sparpotentiale eröffnen und mehr Partizipation ermöglichen könnte.

Die Untersuchungsresultate lassen es auch als zweifelhaft erscheinen, ob der Informationsfluß sowohl unter den BerufskollegInnen als auch mit den PflegeempfängerInnen hinreichend ist. In diesem Zusammenhang sollten pflegerische Routinehandlungen, die dem Informationsfluß dienen, auf ihre Wirksamkeit überprüft werden. Hierzu gehört der noch vielfach verbreitete, zeitintensive „große Rapport" (Dienstübergabe) am Nachmittag genauso wie die vielfach ungenügende Dokumentation pflegerischer Daten oder die Art der Visite.

Nach bisherigen Erkenntnissen[148] scheint das Instrument der Pflegevisite nach Heering/Heering, verbunden mit Reorganisationsmaßnahmen, gut geeignet zu sein, den PflegeempfängerInnen das Gefühl von „ernst genommen werden", das Gefühl von Vertrauen und das Gefühl von Kontrolle zu vermitteln. Ebenso erscheint es von der Anlage her geeignet, die pflegerische Beziehungsgestaltung und die Vermittlung von pflegerischen Personal- und Sachinformationen gleichermaßen sicherzustellen. Für die PatientInnen bietet die Pflegevisite eine gute Gelegenheit für die Weitergabe von Informationen zum Erleben ihres Krankseins und ihrer persönlichen Bedürfnisse. Damit bietet sich für die Pflegenden die Chance, unnötige Pflegeleistungen einzusparen und nötige Pflegeleistungen adäquat zu erbringen. Ebenso bietet sich die Möglichkeit, professionelle Informationen zum Pflegeprozeß unter den Pflegenden im Beisein der KlientInnen auszutauschen und dadurch die Relevanz und Gültigkeit der Informationen zu gewährleisten. Die generelle Einführung der Pflegevisite kann deshalb empfohlen werden.

---

[147] z.B. Heering, K (1995); Hoch, M. (1992); Hergenhahn (1994)
[148] Bode (1994), Müller (1994) und Heering / Heering (1994)

Aufgrund der oben dargelegten Begrenztheit dieser Untersuchung ist weitere Forschung nötig, um die Untersuchungsresultate zu bestätigen oder zu widerlegen. Die Ausweitung der Untersuchung mit quantitativen Methoden bei statistisch relevanten Populationen könnte darüber hinaus Entscheidungsgrundlagen für die oben diskutierte notwendige Reorganisation liefern.

Es steht zu vermuten, daß die Partizipation auch im deutschen und schweizerischen Kulturraum positive Auswirkungen auf den Heilungsprozeß der Gepflegten haben könnte in Form einer kürzeren Verweildauer, einer geringeren Rehospitalisierungsquote oder als nachhaltigere Reintegration nach einer Hospitalisierung. Weitere Forschungen könnten das hierfür erforderliche Datenmaterial liefern.

Pflegevisite: ein geeignetes Instrument zum gezielten Einbezug der PatientInnen in den Pflegeprozeß?

Von Kristina Heering, exam. Krankenschwester, dipl. Stationsleitung, dipl. HöFa 1, FAIP

Die folgende Arbeit, die im Rahmen einer Höheren Fachausbildung in Pflege Stufe 1 entstand, befaßt sich mit der Wirkung und Wirksamkeit der Pflegevisite aus der Sicht von PatientInnen der Station 17 B, die zu ihrer Meinung über die regelmäßig durchgeführte Pflegevisite befragt wurden. Die Ergebnisse zeigen eindeutig eine positive Wirkung auf das Erleben des Krankenhausalltags der PatientInnen durch verbesserte Information und Miteintscheidungsmöglichkeiten. Die Wirksamkeit der Pflegevisite als Instrument der Partizipation wird damit deutlich. Die Untersuchung schließt mit der Empfehlung, die Pflegevisite nach Heering/Heering generell einzuführen und weitere Untersuchungen durchzuführen.

Einleitung

Themenwahl und Zielsetzung

Gezielt Informationen abgeben und einholen ist je länger je mehr ein Thema im Pflegealltag auf dem Weg zur Professionalisierung; ein Thema, welches mich schon seit ein paar Jahren beschäftigt und fasziniert. Dies ist ein Grund, warum ich auf der Station 17 B[149] die Pflegevisite eingeführt habe.

Im Rahmen dieser Arbeit möchte ich herausfinden, inwieweit die Pflegevisite wirklich dem Anspruch gerecht wird, den Patienten gezielt zu informieren über seinen Tagesablauf, damit er in der Lage ist, seinen Pflegeprozeß aktiv mitzugestalten (Stichwort: Autonomie[150]) und Entscheidungen zu treffen. Seidl (1994) schreibt betreffend der Rollen- und Aufgabenfindung in der Pflege: *„Der eigene pflegerische Bereich, bestehend aus Begleitung und Unterstützung des Patienten, aus sorgfältiger Information und guter Kommunikation..."*[151] Diese Aussage trifft

---

[149] alle Namen geändert
[150] Heering/Heering (1994), p 373
[151] Seidl (1990), p 95

im Grunde auch das, was ich persönlich unter „dem eigenen pflegerischen Bereich" verstehe und stimmt auch mit den Ansprüchen, welche ich an die Pflegevisite stelle, überein. Meiner Meinung nach ist dies ein wichtiger Aspekt zur Steigerung der Sicherheit und des Wohlbefindens der PatientInnen.

Hypothese

PatientInnen werden im Rahmen ihrer Hospitalisation zu wenig informiert über die Maßnahmen und den dabei verwendeten Methoden, welche an ihnen im Rahmen einer Hospitalisation vorgenommen werden. Bedingt durch dieses Informationsdefizit sind diese PatientInnen nicht in der Lage, informierte Entscheidungen über Pflege und Therapie zu treffen. Das Instrument der Pflegevisite verbessert dieses Defizit.

Definitionen

Zum besseren Verständnis dieser Arbeit möchte ich noch ein paar Begriffsdefinitionen vorwegnehmen.

Tabelle 2

Begriff	Definition
Autonomie	bezeichnet die rechtliche und ethische Unabhängigkeit der Klientin hinsichtlich ihrer Wahrnehmungen, Entscheidungen und Verantwortlichkeit im Rahmen der aufgenommenen pflegetherapeutischen Beziehung.[152]
Information	lateinisch = Bildung, Belehrung • Unterrichtung, Benachrichtigung, Aufklärung (z.B. durch die Presse) • Nachricht, Mitteilung, auch Bezeichnung für Daten, besonders wenn diese eine logische, in sich abgeschlossene Einheit bilden. • „Informiertheit ist Voraussetzung für funktionsadäquate Mitwirkung und Mitbestimmung." • „Informationen bestimmen aber auch Bedürfnisse und Interessen und werden als Herrschaftsmittel genutzt. („Wissen ist Macht")[153]
KlientIn	ist eine informierte, autonome EmpfängerIn professioneller Pflege. Der Begriff leitet sich ab von lat.: clinare, cliens: jemand, der Anlehnung gefunden hat.

---

[152] vgl u.a. Roper (1993), p 99

[153] Meyers Universallexikon

Tabelle 2 Fortsetzung

Begriff	Definition
PatientIn	abgeleitet von pati (lat.): erdulden, leiden. Der Begriff verdeutlicht das hierarchische Abhängigkeitsverhältnis zwischen Behandelten und Behandelnden. Der Begriff eignet sich daher nicht für die Bezeichnung von PflegeempfängerInnen.
Pflege	Pflege befaßt sich mit den Reaktionen von Menschen auf ihren Gesundheitszustand. Pflege bietet dabei ein Angebot von 5 Funktionen, die pflegerische Bedürfnisse befriedigen: 1. Unterstützung in und stellvertretende Übernahme von Aktivitäten des täglichen Lebens 2. Begleitung in Krisensituationen und während des Sterbens 3. Mitwirkung an präventiven, diagnostischen und therapeutischen Maßnahmen 4. Mitwirkung an Aktionen zur Verhütung von Krankheiten und Unfällen einerseits sowie zur Erhaltung und Förderung der Gesundheit andererseits; Beteiligung an Wiedereingliederungsprogrammen. 5. Mitwirkung bei der Verbesserung der Qualität und Wirksamkeit der Pflege und bei der Entwicklung des Berufes; Mitarbeit an Forschungsprojekten im Gesundheitswesen.[154]
Pflege-anamnese	ist das Ergebnis der pflegerischen Datensammlung. Sie beinhaltet Informationen über die Klientin zu deren bisherigen Reaktionen auf einen veränderten Gesundheitszustand.
Pflege-diagnose	ist ein Teilschritt im Pflegeprozeß. Mit Hilfe der Pflegediagnose werden die Reaktionen auf einen veränderten Gesundheitszustand der Klientin mit einem pflegerischen Sammelbegriff bezeichnet.
Pflege-ergebnis	ist das von der Klientin erreichte Verhalten bzw. der erreichte Zustand zum Zeitpunkt der Überprüfung der Pflege. Im Idealfall ist es mit dem Pflegeziel identisch.
Pflege-leistungen	sind alle von den Pflegenden im Rahmen des Pflegeprozesses erbrachten pflegerischen Arbeitsleistungen.
Pflegestatus	ist das Ergebnis einer Datensammlung zum aktuellen Zustand der Klientin im Verlauf des Pflegeprozesses.
pflegethera-peutische Beziehung	bezeichnet die professionelle Beziehung zwischen Pflegenden und deren KlientInnen im Rahmen des Pflegeprozesses.
Pflegevisite	ist ein regelmäßiger Besuch bei und ein Gespräch mit der Klientin über ihren Pflegeprozeß.

---

[154] Schweizerisches Rotes Kreuz 1991

Theoretische Bearbeitung

Das Einholen von Informationen ist eine Maßnahme, die in der Regel ganz automatisch geschieht. Sie steht an erster Stelle eines Entscheidungsprozesses, z.B. beim Erwerb eines neuen Autos oder beim Kauf eines Hauses.

Jede Person, welche schon einmal in solch' einer Situation steckte, kann auch nachvollziehen, warum der Schritt „Einholen von Informationen" an erster Stelle steht. Wir in unserer Kultur haben von je her ein ausgeprägtes Sicherheitsbedürfnis und -denken. Warum sonst lassen wir uns, wann immer möglich, gegen jeden erdenklichen Schaden, den wir erleiden könnten, versichern?

Informationen und das damit verbundene Wissen geben uns ein Gefühl von Sicherheit. Mit einem guten Wissenstand kann ich z.b. Entscheidungen schnell, gezielt und mit einem guten Gefühl treffen. Verfüge ich nicht über die Informationen, kann ich mir dieses Wissen auch nicht aneignen. Somit bin ich nicht in der Lage, Entscheidungen zu treffen, wenn doch, höchstens mit einem unguten Gefühl und der damit verbundenen Unsicherheit, weil das Risiko nicht kalkulierbar ist.

Im Alltagsleben ist das Einholen von Informationen meistens kein Problem. Im Gegenteil, wir werden häufig so von Informationsmaterial überschüttet, daß es wiederum schwierig wird, die wichtigen von den unwichtigen Informationen zu unterscheiden.

Wie sieht das jedoch im Spitalalltag aus? Es ist unter Pflegenden schon längstens bekannt und unter Berücksichtigung der geschichtlichen Aspekte[155] auch kein Wunder, daß der „Patient seine Autonomie an der Spitalpforte abgibt", aus der Denkweise heraus „Die wissen ja, was für mich gut ist".

Solch eine Einstellung erschwert natürlich den Informationsfluß, da es durch die Passivität der PatientInnen schwierig wird zu erfassen, über welchen Wissensstand sie schon verfügen. Der Informationsfluß oder auch Kommunikationsfluß geht nur in eine Richtung, nämlich von den Pflegenden zum Patienten. Erst wenn auch der Patient anfängt, Fragen zu stellen, kommt es zum „Rückstrom", das heißt der Patient wird miteinbezogen und kann sich am Pflegeprozeß beteiligen[156].

Diese Denkweise, „Die wissen ja was für mich gut ist", hat meines Erachtens zwei Gründe:

1. Eine patriarchalische Denkweise, geprägt durch die geschichtlichen Aspekte und
2. ein Informationsdefizit.

---

[155] vgl. u.a. Seidl pp 144
[156] Bode, (1994), p 8

Zu 1.: patriarchalische Denkweise

Hierzu finden sich in der Literatur charakteristische Zitate, z.B.:

„Der Patient ist dem Arzt unterstellt und ihm zu Gehorsam verpflichtet." Und:
*„Dem Begriff der ärztlichen Anordnung steht komplementär der Begriff der
Compliance gegenüber, der in seiner wörtlichen Bedeutung „Folgsamkeit"
oder „Willfährigkeit" bedeutet und eine asymmetrische Arzt-Patienten-Bezie-
hung zum Ausdruck bringt... Die organisatorischen Rollen sind höchst differenziert, der Arzt ist das ranghöchste Mitglied der Institution Krankenhaus. Er
ist 'mit Lizenz und Mandat ausgestattet und als Sanktionsinstanz eingesetzt';
dem Patienten bleiben jedoch wenig Einflußmöglichkeiten aufgund seiner
blockierten Mobilität und seiner oft vitalen Abhängigkeit von Leistungen anderer..."[157].*

*„Von den Pflichten der Kranken gegen die Ärzte" lautet der Titel einer Schrift
des Arztes Henning, verfaßt 1791 in Leipzig. Unter den elf in verschiedenen
Kapiteln erläuterten Pflichten heißt die fünfte: „'von genauer strikter Befolgung der Regeln des Arztes'. Hinter der Betonung der genauen und strikten
Befolgung der Anordnungen steht eine Auffassung vom Patienten, der als unwissend, ungebildet und unvernünftig angesehen wird...'ein Kranker ist oft wie
ein Kind und begehrt oft Unbilliges oder Schädliches'..."[158]*

Zu 2., Informationsdefizit:

Untersuchungen haben gezeigt, *„...daß die professionellen Helfer durch ihre eigene Verhaltensweise regelmäßig das subjektiv vom Patienten empfundene Un-
terlegenheitsgefühl verschärfen und zwar durch Informationsbegrenzung..."[159]*

Gebe ich also meine Autonomie an der Spitalpforte ab, bin ich auch nicht
mehr in der Lage, gezielt Informationen einzuholen. Die Sicherheit oder den
Rückhalt gibt mir in dem Moment, indem ich die Spitalpforte durchschreite, nur
die Institution als solche, welcher ich aus der oben diskutierten Denkweise heraus einfach vertrauen muß.

Meiner Meinung nach sollte der Aufgabenbereich der Pflegenden demzufolge
sein, die passiven PatientInnen zu begleiten und darin zu unterstützen, aktive, autonome und informierte KlientInnen zu werden.

Informierte PatientInnen sind zugleich zufriedenere PatientInnen, welche in
der Lage sind, ihre eigenen Ressourcen zu nutzen, damit aktiv am Pflegeprozeß
teilzunehmen und diesen zu beschleunigen[160][161].

In diesem Zusammenhang kann angenommen werden, daß dieses wiederum
die Pflegetage im Spital verringert und somit rein wirtschaflich gesehen ein
wichtiger Aspekt im Bezug auf die Kosteneinsparung ist. Diese Annahme wird
z.B. von Hefferin (1979) gestützt.

---

[157] Elisabeth Seidel, (1990), p 144
[158] a.a.o., p 144/145/146
[159] Siegrist (1976), zitiert in: Hofmann, (1993), p 13
[160] Bode (1994), Seite 8
[161] Hofmann (1993), p 16

Außerdem ist sowohl der ärztliche als auch der pflegerische Dienst bereits zum heutigen Zeitpunkt aufgrund einer Reihe internationaler und nationaler Gesetzesvorschriften rechtlich verpflichtet, die PatientInnen adäquat zu informieren, wenn deren Rechte auf Selbstbestimmung nicht verletzt werden sollen[162]. Die PatientInnen wiederum sollten ihre Pflicht zur Eigenverantwortlichkeit wahrnehmen[163].

Den PatientInnen unserer Klinik stehen verschiedene Informationsbroschüren zur Verfügung, damit sie die Möglichkeit haben, sich zu informieren und somit dieser Pflicht auch nachkommen können.

Bei der genaueren Durchsicht dieser Broschüre mußte ich mit Überraschung feststellen, daß von medizinischer Seite her viele schriftliche Informationen den PatientInnen zur Verfügung stehen, z.B. über die gebräulichsten Untersuchungsmethoden oder Eingriffe. Auch der Seelsorgedienst und Sozialdienst stellten ihre Möglichkeiten in separaten Prospekten vor. Das Pflegepersonal und seine Dienste wird in der Broschüre „Informationen für unsere stationären Patientinnen und Patienten"[164] jedoch nur in den folgenden drei kurzen Sätzen vorgestellt: *„Das Pflegepersonal ist für die fachgerechte Pflege verantwortlich. Es arbeitet eng mit Ihnen, den Ärzten und weiterem Fachpersonal zusammen. Eine Betreuung rund um die Uhr bewirkt zwangsläufig, daß Sie von wechselnden Bezugspersonen gepflegt werden."* Obwohl die Pflegenden die meiste Zeit an und mit den PatientInnen verbringen, gibt es keinen separaten Prospekt, welcher z.B. aufzeigt, was Pflege heute eigentlich heißt und was sie beinhaltet.

Als nächstes fiel mir auf, daß bei der Aufzählung der Patientenrechte in der eben genannten Informationsbroschüre die Information und Beratung durch das Pflegepersonal gänzlich fehlt. Im Pflegeleitbild, unter dem Aspekt Zielsetzung für die Pflege, wird dieser Punkt jedoch extra aufgeführt *„Er wird informiert und beraten. Er weiß bei seiner Entlassung über weitere pflegerische Maßnahmen Bescheid."* „...*individuelle Betreuung, Beratung, Begleitung und Versorgung von kranken und behinderten Menschen verwirklichen...*"[165].

Zusammenfassend läßt sich feststellen, daß die PatientInnen über das Dienstleistungsangebot des Pflegedienstes schriftlich nur mangelhaft informiert werden. Inwieweit dieses Informationsdefizit durch mündlich gegebene Informationen aufgefangen wird, läßt sich zum jetzigen Zeitpunkt nicht belegen. Vielleicht wird die anschließende PatientInnenbefragung im Bezug auf diesen Punkt etwas Aufschluß bieten.

---

[162] Hofmann (1993), p 4 und Patientendekret des Kantons Aargau, § 11 (4)
[163] Seidl (1990), p 250
[164] Kantonsspital Aarau (1) p 10
[165] Kantonsspital Aarau (1992), p 5

Vorstellung der Abteilung 17 B

Ich halte es für wichtig, im Rahmen dieser Arbeit die Station 17 B vorzustellen, da ich schon häufig von Pflegenden anderer Abteilungen gehört habe, daß die Pflegenden einer Privatstation natürlich mehr Zeit für ihre PatientInnen haben. Nur deshalb könne die Pflegevisite auch realisiert werden. Es werden diesbezüglich die verschiedensten Begründungen geliefert. Ich möchte aufzeigen, daß diese Denkweise nicht den Gegebenheiten entspricht.

Die Station 17 B ist eine allgemeinchirugische Station und funktioniert nach dem Belegarztsystem; das bedeutet, daß wir in der Regel mit 12 bis 16 Chefärzten und nicht weniger als fünf Assistenzärzten (welche darüber hinaus noch alle vier bis zwölf Wochen wechseln) zusammenarbeiten. Dies bedeutet eine sehr große Vielfalt unterschiedlicher Pflegetechniken, und gleichzeitig bringt es einen recht hohen organisatorischen und administrativen Aufwand mit sich.

Dies führt beispielsweise dazu, daß die Einarbeitungszeit für neue MitarbeiterInnen selten weniger als ein halbes Jahr beträgt. Bedingt durch die Ein- und Zweibettzimmer müssen die Pflegenden auch längere Wege in Kauf nehmen; außerdem haben sie jeweils nur einen oder maximal zwei PatientInnen gleichzeitig im Blickwinkel und nicht, wie z.B. im Mehrbettzimmer, vier PatientInnen. Die Schülerbetreuung gestaltet sich dadurch auch häufig etwas schwieriger, weil sich die SchülerInnen sehr schnell überwacht fühlen. Der Stellenplan für die 17 B wurde nach dem gleichen System berechnet wie für alle anderen chirugischen Abteilungen im Krankenhaus, so daß die 17 B tendenziell nicht mehr Personal und Pflegezeit zur Verfügung hat als andere Stationen, sondern sogar weniger.

Die Untersuchung

Ziel der nachfolgenden Studie

Im Rahmen dieser Arbeit möchte ich eine Antwort auf die folgenden Fagen bekommen, um die von mir aufgestellte Hypothese belegen oder widerlegen zu können.

1. Bekamen die PatientInnen auf der Station 17 B die Möglichkeit, ihren Tagesablauf mitzubestimmen?
2. Bekamen sie betreffend ihrer Pflege und Therapie genügend Informationen, um mitentscheiden zu können?
3. Möchten sie mitentscheiden ?
4. Ist die Pflegevisite ein passendes Instrument, den Patienten zu begleiten auf dem Weg, ein aktiver, autonomer und informierter Patient zu werden (vom Patienten zum Klienten)?

Vorgehen

- Ich wähle das Leitfadeninterview mit teils offener, teils geschlossener Fragestellung.
- Das Einverständnis zur Durchführung des Interviews wird von mir beim Chefarzt der Klinik eingeholt.
- Die Patienten werden nach den zuvor aufgestellten Kriterien ausgewählt.
- Das Einverständnis der PatientInnen wird eingeholt. Ich mache sie vorher darauf aufmerksam, daß ein Tonband das Gespräch aufzeichnet.
- Zum besseren Verständnis erkläre ich den PatientInnen, was wir unter Pflegevisite verstehen.

Interview- Fragen

1. Was verstehen Sie unter Autonomie?
2. Wie sehen Sie Ihre Autonomie während des Spitalaufenthaltes?
3. Haben Sie eine Möglichkeit, sie zu leben? Wenn ja, wo und wie können Sie sie leben?
4. Welche Informationen sind für Sie wichtig während des Spitalaufenthaltes?
5. Sind die Informationen ausreichend, um bei Ihrer Behandlung mitentscheiden zu können? Wenn nein, von wem müßten Sie noch mehr Informationen erhalten?
6. Wie ist die Pflegevisite für Sie?
7. Sollten wir Ihrer Meinung nach an der Pflegevisite etwas ändern, sie so beibehalten oder sie ganz abschaffen?

Die Tonbandaufnahmen wurden anschließend ins Hochdeutsche transkribiert.
Die Auswertung der Interviews erfolgt in Anlehnung an die „qualitative Inhaltsanalyse" nach Mayring und wird jeweils auf die Wiedergabe der 2. Reduktion beschränkt.[166]

Kriterien zur Auswahl der Patienten:

Ich wählte die PatientInnen bewußt nach den folgenden Kriterien aus, um möglichst die PatintInnengruppen erfassen zu können, welche auf der Station 17 B „vorwiegend" gepflegt werden. Unter Einbezug aller Fachrichtungen hätte ich allerdings ca. 12 bis 16 PatientInnen interviewen müssen. Dieses hätte den Rahmen meiner Arbeit gesprengt.

Das Pflegepersonal verfügt über einen unterschiedlichen Ausbildungs- und Wissensstand; somit war es mir ein Anliegen, daß alle Pflegenden an der Pflege der interviewten PatientInnen beteiligt waren.

---

[166] Mayring, pp 36

Ich stellte mir die Frage, ob der soziale Bereich eine Rolle spielen würde, bezüglich der Erwartungshaltung der PatientInnen, betreffend der „Informationspolitik"; darum stellte ich das vierte Kriterium auf.

Im weiteren war es mir wichtig, daß die befragten PatientInnen die Organisationsform des 17 B kannten und auch schon eine andere Art der Organisation erlebt hatten, damit sie zu einem Vergleich fähig waren.

Gesichtspunkte bei der Auswahl der Befragten:
1. Verschiedene Altersgruppen
2. Aus unterschiedlichen chirugischen Fachrichtungen stammend
3. Aus unterschiedlichen Pflegegruppen stammend
4. Aus unterschiedlichen sozialen Bereichen stammend
5. Operationstag liegt mindestens zwei Tage zurück
6. Vorhergehende Hospitalisation auf einer anderen Abteilung

PatientInnenvorstellung:

Im Laufe der Interviews gingen mir immer wieder Fragen durch den Kopf bezüglich des psychosozialen Hintergrundes und des Krankheitsverlaufes der befragten PatientInnen. Ich stellte fest, daß es unbedingt notwendig ist, diese Aspekte zu kennen, um die gemachten Angaben nachvollziehen zu können. Daraus resultiert wiederum ein Teil der Pflegeleistungen, welche erbracht wurden.

Ich stellte z.B. im ersten Interwiev fest, daß die Patientin großen Wert auf Offenheit legte. Sie äußerte, daß sie ihre Autonomie ohne jegliche Unterstützung während des Spitalaufenthaltes leben könne. Diese Aussage bezog sich, wie ich später feststellte, nur auf die Ausübung ihrer körperlichen Funktionen. Diese Patientin sah zu dem jetzigen Zeitpunkt ihre Autonomie nur in Verbindung mit der selbständigen Ausübung der Lebensaktivitäten (Funktion 1[167]). Später sagte sie jedoch, daß sie es schätzen würde, mitentscheiden zu können, da man sich dann nicht so ausgeliefert vorkäme. In Anbetracht der Tatsache, daß die Patientin zum Zeitpunkt des Interwievs sich noch im Unklaren über ihre weitere Prognose befand, kann ich das Bedürfnis nach Offenheit und Entscheidungsfreiheit gut nachvollziehen.

Die medizinischen Aspekte durften bei der Betreung dieser Patientin also nicht außer Acht gelassen werden. Die Patientin galt als „selbständig", das tägliche Gespräch auf der Pflegevisite hatte jedoch einen hohen Stellenwert bezüglich der pflegetherapeutischen Beziehung. Die pflegerischen Interventionen waren hier vorwiegend im Bereich der Funktion 2[168]. notwendig. Die Patientin unterstreicht ihre Aussagen bezüglich der Pflegevisite, indem sie sagt: *„Damit eine persönliche Beziehung entstehen kann, das finde ich gut, wegen der Krankheit auch ... Früher hatte ich das Gefühl, es läuft alles zwischen Arzt und Schwester. "*

---

[167] SRK (1991)
[168] a.a.O.

Vergleichbare Aussagen fand ich auch bei den nachfolgenden Interviews.
Die Patientenvorstellung erfolgt somit auf die nachfolgende Art und Weise[169].

Frau W.:

Soziales:	42 jährig, verheiratet, Hausfrau, 1 Sohn im Alter von 14 Jahren
Diagnose:	Mamma-Tumor links
Operation:	Mammaerhaltende Operation mit Axillaausräumung links
Spezielles:	Zum Zeitpunkt des Interviews ist der histologischen Befund noch nicht bekannt. Die Patientin gibt prä- und postoperativ Schmerzen in der linken Brust an.
Zeitpunkt des Interviews:	2. postoperativer Tag

Herr F.:

Soziales:	44 jährig, verheiratet, Unternehmer (Präsident), selbständig, 2 Kinder
Diagnose	Mesenterialvenenthrombose
Operation	Dünndarmresektion
Spezielles:	Ab dem 7. postoperativen Tag litt der Patient 4 Tage lang unter septischem Fieber unklarer Genese.
Zeitpunkt des Interviews:	15. postoperativer Tag

Frau B.:

Soziales:	76 jährig, seit 12 Jahren verwitwet, besorgt ihren Haushalt allein, lebt in einem 4-Familienhaus, keine Kinder
Diagnose:	Cholezystolithiasis
Operation:	offene Cholezystektomie
	Status nach Hemicolektomie rechts 1991
	Status nach Hysterektomie 1991
	Arterielle Hypertonie
Spezielles:	Verlauf ohne Komplikationen
Zeipunkt des Interviews:	3. postoperativer Tag

---

[169] alle Initialen geändert

Resultate

Tabelle 3

	Patientin W.	Patient F.	Patientin B.	Patient I.	Patient S.
Frage 1	Selbständigkeit.	Freiheit.	Keine Antwort, Übersetzung erfolgte von mir mit dem Begriff: Selbständigkeit.	Verhalten der Institution gegenüber dem Patienten.	Keine Antwort, Übersetzung erfolgte von mir mit dem Begriff: Selbständigkeit.
Frage 2	Von großer Wichtigkeit, zur schnellstmöglichen Wiederherstellung der Mobilität. Unterstützung vom Pflegepersonal ist wichtig.	Wahrung der persönlichen Freiheit. Wird vom Pflegepersonal gewährleistet, sofern es die Rahmenbedingungen erlauben.	Von großer Wichtigkeit, zur schnellstmöglichen Wiederherstellung der Mobilität.	Kann gelebt werden.	Kann gelebt werden.
Frage 3	Ja, keine Unterstützung notwendig.	Ja, durch den Dialog mit dem Pflegepersonal und erteilte Informationen. Unterstützung der persönlichen Bedürfnisse gegenüber Dritten. Herstellung einer „zwischenmenschlichen" Beziehung, Stärkung der psychischen Verfassung, Vertrauen und Sicherheit wird gefördert.	Ja, durch die zeitweilige Übernahme und schnellstmögliche Reaktivierung der ATL's.	Ja, durch gezielte stellvertretene Übernahme der ATL's durch das Pflegepersonal und frühzeitige Reaktivierung.	Ja, anfängliche Ängste wurden ausgeschaltet durch gezielte Hilfe.

Tabelle 3 Fortsetzung

	Patientin W.	Patient F.	Patientin B.	Patient I.	Patient S.
Frage 4	Offene Informationen über das Was und Wann etwas gemacht wird. „Ausdeutschen" der Medikamente, welche verabreicht werden. Zeitpunkt der Arztvisiten.	Informationen über den Krankheitsverlauf von pflegerischer und ärztlicher Seite, über das Ziel, welches erreicht werden sollte und wie es erreicht wird. Informationsabgabe in dieser Form erfolgte von pflegerischer Seite, spricht für kompetentes Pflegepersonal.	Information über das Was und Wie und „Was geschehen ist". Man wird ernst genommen; dadurch werden die bestehenden Bedürfnisse vom Pflegepersonal wahrgenommen. Das Ernstgenommenwerden wurde bei früheren Spitalaufenthalten nie erlebt.	Offene Informationen, was, wie, wann gemacht wird. Besprechung des Tagesablaufes.	Informationen den Heilungsprozeß betreffend, erfolgte von ärztlicher und pflegerischer Seite hervorragend.
Frage 5	Ja, von pflegerischer Seite. Bei der Auswahl der Medikamente zu wenig, bedingt durch ein entgegengebrachtes Vertrauen kompetentem Personal gegenüber.	Der Tagesablauf konnte selber bestimmt werden, bei früheren Spitalaufenthalten wurde dieser immer vorgegeben („Den ganzen Tag über wurde man getrieben"). Die Eigenressourcen wurden berücksichtigt und mit einbezogen. Möchte nicht mitentscheiden, es wäre auch	Ja.	Ja, von pflegerischer Seite. Nein, von ärztlicher Seite, die Fragen oder das Vorgehen wird so erklärt, daß man trotzdem nicht weiß, was gewesen ist.	Ja, eigene Ressourcen wurden berücksichtigt.

Tabelle 3 Fortsetzung

	Patientin W.	Patient F.	Patientin B.	Patient I.	Patient S.
Frage 5	Nein, von ärztlicher Seite; es werden gerade die nötigsten Informationen abgegeben; löst ein Gefühl des nicht ernst genommen werden aus.	nicht sinnvoll, will kompetentem und studiertem Personal beim Erbringen ihrer Dienstleistungen nicht dazwischen reden. Das Vertrauen muß vorhanden sein, damit der Körper abgegeben werden kann. Sie müßten selber wissen, was sie tun. Dienstleistungen müssen von kompetenten Personen erbracht werden, und da hat niemand dazwischen zu reden. Zur Entscheidungsfindung kann man beitragen, indem man mitgeteilt wird, was man fühlt. „Meiner Meinung nach ist jeder Patient selber Schuld, wenn er seine Informationen nicht erhält, die er haben möchte. In diesem Fall hat sich das allerdings erübrigt, da die Informationen von selber kamen."		Das Pflegepersonal setzte sich für mich ein und vertrat meine Interessen gegenüber dem ärztlichen Dienst.	

Tabelle 3 Fortsetzung

	Patientin W.	Patient F.	Patientin B.	Patient I.	Patient S.
Frage 6	Wurde das erste Mal erlebt und für gut befunden. Guter und offener Informationsfluß, für beide Seiten. Kommunikation erfolgt mit und nicht über den Patienten auf der gleichen Ebene. Frühere Erlebnisse: Information und Kommunikation erfolgte zwischen Arzt und Schwester, der Patient wurde ausgeschlossen. Zuständige Pflegeperson ist bekannt. Beziehung kann aufgebaut werden. Vertrauensbasis entsteht. Verbesserung des Krankheitsverlaufes.	Hebt sich ab vom normalen Tagesablauf. Pflegepersonal geht auf den Patienten ein. Sorgen und Probleme werden erfaßt und angegangen. Persönliches Gespräch wird als sehr gut empfunden.	Wird als toll und lokker empfunden. Guter Informationsfluß, das Vertrauen steigt. Der Tagesablauf ist bekannt. Pflegepersonal nimmt sich für einen Zeit.	Wurde das erste Mal erlebt und als „vorteilhaft" beschrieben. Die Bezugsperson ist dem Patienten bekannt, war früher nicht der Fall. Probleme und Fragen werden aufgegriffen, diskutiert und miteinander angegangen, lief früher „normal". Patient ist umfassend orientiert. Durch den ehrlichen Umgang wird eine Vertrauensbasis zum Pflegepersonal geschaffen, welches als sehr wichtig empfunden wird. Mit dem erlangten Vertrauen verbessert sich auch der Heilungsprozeß.	Wurde als sehr gut empfunden. Auf Problematiken wurde eingegangen, dabei die Meinung und der Wille des Patienten berücksichtigt.

Tabelle 3 Fortsetzung

	Patientin W.	Patient F.	Patientin B.	Patient I.	Patient S.
Frage 6	Frühere Erfahrung: Viel Personal kam ins Zimmer und keiner war wirklich zuständig.				Sollte so beibehalten werden.
Frage 7	Auf jeden Fall so beibehalten. War noch nie so gut informiert während eines Spitalaufenthaltes. Konnte meine Kardexunterlagen einsehen. Man fühlt sich nicht mehr so ausgeliefert. Wußte ungefähren Zeitpunkt der Arztvisiten. Konnte mitentscheiden. Pflegepersonal dürfte ungenierter mehr Fragen an den Patienten richten.	So beibehalten, nicht mehr dazu nötig. Nicht gewußt, daß es so etwas gibt. Informationen wurden ohne vorherige Nachfrage gegeben. Es findet nicht nur ein Monolog, sondern ein Dialog statt. Dadurch werden Fragen aufgeworfen, zu denen Stellung genommen wird. Man wird ernst genommen und mit einbezogen.	Wird als „heikle" Frage empfunden, da nicht bekannt ist, ob auch immer die Zeit zur Durchführung der Pflegevisite zur Verfügung steht. Wenn die Zeit zur Verfügung steht, sollte sie auf jeden Fall beibehalten werden. Vermittelt eine innere Ruhe, bedingt durch das Orientiertsein. Wird als etwas „Großartiges" empfunden.	Um eine Erholung zu bieten, ist es nicht so wichtig. Sind Probleme, die den Patienten betreffen, vorhanden, sollte die Pflegevisite zur Klärung der Problematik abgehalten werden. Geht es dem Patienten gut, benötigt er auch kein Gespräch.	

Herr I.:

Soziales:	64 jährig, verheiratet, Elektriker, Angestellter, keine Kinder
Diagnose:	Rektum-Ca
Operation:	Rektumamputation
Spezielles:	Postoperative Sepsis, passagere percutane Tracheostomie, Pleuraerguß links
Zeitpunkt des Interviews:	32. postoperativer Tag

Herr S.:

Soziales:	56 jährig, verheiratet, Angestellter, eine Tochter
Diagnose:	Anomalie linker Fuß
Operation:	Knochendurchbohrung linker Fuß Diabetes mellitus Typ 2, medikamentös behandelt
Spezielles:	Komplikation: einmalige Revision
Zeitpunkt des Interviews:	18. postoperativer Tag

Zusammenfassung

Zusammenfassend kann festgehalten werden zur:

Frage 1:
Drei PatientInnen fanden eine Übersetzungsmöglichkeit für den Begriff „Autonomie". Zwei PatientInnen konnten mit dem Begriff nichts anfangen.

Frage 2:
Für alle Patienten ist es sehr wichtig, daß sie ihre Autonomie auch während des Spitalaufenthaltes leben können. Sie sind bereit, die vorgegebenen Rahmenbedingungen zu akzeptieren. Dabei wird auf die Unterstützung durch das Pflegepersonal großer Wert gelegt.

Frage 3:
Alle Patienten bejahten diese Frage, wobei alle bis auf eine Patientin die Unterstützung des Pflegepersonals dabei benötigten in Form von psychischer Unterstützung, Gesprächen, Vertretung der Interessen gegenüber Drittpersonen, gezielte Übernahme und schnellstmögliche Rückgabe der Selbständigkeit in den Lebensaktivitäten, sowie das Abbauen bestehender Ängste durch gezielte Hilfe.

Frage 4:
Die PatientInnen möchten offen über das „Was, Wann und Wieso" betreffend des Krankheitsverlaufes sowie des Pflegeprozesses und des Tagesablaufes informiert werden in einer für sie verständlichen Sprache. Werden diese Erwartungen erfüllt, fühlen sie sich ernst genommen.

Frage 5:

Alle PatientInnen bejahten diese Frage, was die erteilten Informationen von pflegerischer Seite her anbelangte. Die PatientInnen bekamen somit auch die Möglichkeit, ihre Pflege mitzubestimmen, was sie von vorherigen Spitalaufenthalten her nicht gewohnt waren und dieses Mal sehr schätzten. Außerdem fühlten sie sich von pflegerischer Seite her, betreffend ihrer Bedürfnisse, gut vertreten gegenüber dem ärztlichen Dienst. Von ärztlicher Seite müßten die Informationen noch verständlicher und ausführlicher gegeben werden, damit bei den PatientInnen nicht das Gefühl des „nicht Ernstgenommenwerdens" ausgelöst wird. Ein Patient vertrat die Auffassung, daß, wenn er ins Spital ginge, er eine Dienstleistung von studiertem Personal verlange, und da sei es nicht sinnvoll, Entscheidungen mit treffen zu wollen. Das Vertrauen müsse man schon haben, damit man den Körper abgeben könne. Der gleiche Patient äußerte sich sehr positiv darüber, daß vom Pflegepersonal die Informationen ohne vorherige Nachfrage gegeben wurden, und daß er seinen Tagesablauf selber bestimmen konnte.

Frage 6:

Alle Patienten erlebten die Pflegevisite das erste Mal und empfanden sie als positiv. Sie hoben den offenen und guten Informationsfluß, die Art der Kommunikation, das Eingehen auf die bestehenden Probleme sowie die durch die Bezugsperson aufgebaute persönliche Beziehung und das damit entstandene Vertrauen zum Pflegepersonal hervor. Dieses habe ihrer Meinung nach auch einen positiven Einfluß auf den Krankheitsverlauf[170].

Alle Patienten möchten an der Pflegevisite festhalten. Nochmals wird sich positiv geäußert über die erteilten Informationen, die Art der Kommunikation und das Ernstgenommenwerden sowie das Angehen der bestehenden persönlichen Problematiken. Eine Patientin machte sich Gedanken über den Zeitfaktor und stellte sich die Frage, ob Pflegende in der Lage seien, diese Zeit immer zu erübrigen. Ein Patient meinte, man könnte von der Pflegevisite absehen, wenn keine Probleme bestehen würden.

Diskussion der Ergebnisse

Ich stellte im Rahmen meiner Untersuchungen fest, daß der Begriff Autonomie in erster Linie auf die körperliche Beweglichkeit und Körperpflege bezogen wurde. Die PatientInnen legten in diesem Bereich großen Wert auf Informationen und Beratung durch das Pflegepersonal, um schnellstmöglich ihre Selbständigkeit wieder erlangen zu können.

---

[170] (Meine zuvor aufgestellte Behauptung, Kosten könnten gesenkt werden durch das Nutzen der eigenen Ressourcen, könnte mit dieser Aussage untermauert werden)

Alle, außer einer Patientin, betonten jedoch auch, daß sie in den ersten Tagen nach der Operation froh waren über die stellvertretende Übernahme dieser Aktivitäten durch das Pflegepersonal. Je besser es den PatientInnen ging, umso mehr mochten sie wieder eigene Aktivitäten übernehmen und auch Entscheidungen mit treffen. [171] [172]

Die PatientInnen äußerten weiterhin, daß sie auf das Know-how der Pflege vertrauen würden, betreffend technischer Fragen (z.b. Herr F.: Die Anwendung von Wadenwickeln zur Senkung des Fiebers wurde trotz vorherrschender Skepsis akzeptiert und erst nach Eintreten des Erfolges für gut befunden). In weniger technischer Fragen (z.b. Gestaltung des Tagesablaufes) schätzten es die PatientInnen sehr, Entscheidungen selber treffen zu dürfen.

Die Rahmenbedingungen wurden bei der Wahrnehmung der Entscheidungsfreiheit auch berücksichtigt. So äußerte zum Beispiel eine Patientin, die Pflegevisite solle auf jeden Fall durchgeführt werden, sofern die Zeit dafür zur Verfügung stehe.

Diese Patientenaussagen sind vergleichbar mit den Resultaten von Biley (1992), welcher in seiner Studie über die Partizipation von PatientInnen die drei Kategorien formulierte: *„wenn ich kann..."* (bezogen auf die Rahmenbedingungen); *„wenn ich mag..."* (bezogen auf die Befindlichkeit) und *„wenn ich wüßte..."* (bezogen auf den Informationsstand) [173].

Im weiteren wird in den Patientenaussagen deutlich, daß bei den meisten Patienten immer noch die patriarchalische Denkweise vorherrscht („Die wissen schon, was für mich gut ist"). Es wird aber auch deutlich, daß die Pflegenden auf der Station 17 B die PatientInnen begleiten auf dem Weg, aktive, autonome und informierte „KlientInnen" zu werden, indem sie die PatientInnen ernst nehmen und deren Interessen gegenüber Drittpersonen vertreten.

Die pflegetherapeutische Beziehung spielt dabei offensichtlich eine wesentliche Rolle. Die PatientInnen sagten, aufgrund der Pflegevisite und der Kontinuität in der Betreuung wäre es erst möglich geworden, eine persönliche Beziehung aufzubauen. Sie seien keine Nummer mehr, bedingt dadurch, daß Informationen erteilt werden und die Zeit für ein Gespräch vorhanden ist. Durch die Pflegevisite wurde den PatientInnen ein anderes „Wertgefühl" vermittelt, welches sie unterstützen würde, Entscheidungen auch mit treffen zu können. Die Sicherheit und das Wohlbefinden der Patienten wird gesteigert nicht zuletzt dadurch, daß Unverstandenes im Rahmen dieser Gespräche geklärt werden kann.

Von pflegerischer Seite wurden ausreichend Informationen erteilt; von ärztlicher Seite waren die Informationen in einer schwer verständlichen Sprache oder gar nicht gegeben worden. Obwohl das bestehende schriftliche Informations-Angebot von ärztlicher Seite größer ist, waren die Patienten zufriedener mit der In-

---

[171] vgl. Käppeli S. (1988), p 9
[172] vgl. Biley F.C. (1992), p 416
[173] a.a.O.

formationspolitik von pflegerischer Seite. Daraus könnte man schließen, daß das gesprochene Wort in Verbindung mit den entsprechenden Rahmenbedingungen (Auftreten und Verhalten des Pflegepersonals, Zeit haben und/oder nehmen für ein Gespräch), bei den PatientInnen einen höheren Stellenwert hat als die zur Verfügung stehenden Informationsbroschüren. Denn obwohl der ärztliche Dienst über besseres schriftliches Informationsmaterial verfügt, wurden die vom Pflegepersonal erteilten Informationen von den befragten PatientInnen als besser eingeschätzt.

Sie betonten im weiteren, daß sie bei früheren Spitalaufenthalten nie so gut informiert worden sind. Mit dieser Aussage rücken wiederum die Rahmenbedingungen in den Vordergrund, sprich die Pflegevisite als solche.

Alle Patienten erlebten die Pflegevisite das erste Mal. Sie hoben hervor, daß ihre Probleme im Rahmen einer Hospitalisation noch nie so ernst genommen wurden. Ein Patient sagte: *„Es wurde nicht nur geredet, sondern es wurde auch etwas gemacht."* Meiner Meinung nach sagt dies auch etwas Wesentliches über das vorherrschende Pflegeverständnis vom Pflegepersonal aus. Die PatientInnen stehen wirklich an erster Stelle. Sie werden in ihrer Individualität wahrgenommen und als vollwertige Menschen behandelt (*„Man ist Patient bei Ihnen und doch wird man für voll gehalten. Ich finde das einfach toll, bei anderen Spitalaufenthalten habe ich das nicht erlebt.").* Auch die vorherrschende patriarchalische Sichtweise wird hier erneut sehr deutlich.

Meine aufgestellte Hypothese kann somit im Rahmen meiner gemachten Untersuchung bestätigt werden.

Empfehlungen

Durch die Untersuchung konnte gezeigt werden, daß die PatientInnen auf der Station 17 B von pflegerischer Seite ausreichend informiert werden und auch, im Gegensatz zu früheren Spitalaufenthalten, eher in der Lage sind, informierte Entscheidungen über die Pflege und die damit verbundene Therapie zu treffen. Obwohl die Pflegevisite hierzu sicherlich einen erheblichen Beitrag leistet, kann ein eindeutiger Nachweis für eine Legitimation der Pflegevisite aber infolge fehlender Wissenschaftlichkeit dieser begrenzten Untersuchung (z.B. Auswahl und Anzahl der befragten Patienten) nicht erbracht werden. Ich rege deshalb an, weitere Untersuchungen durchzuführen, um mehr Klarheit zu erhalten. In der Zwischenzeit empfehle ich eine breite Einführung der Pflegevisite, um den ethisch und rechtlich gebotenen Pflichten zur Information und zum Einbezug in die Entscheidungsfindung nachzukommen.

Was empfinden PatientInnen bei der Pflegevisite?

**Von Karen Bode, exam. Krankenschwester,
Höhere Fachausbildung Stufe I**

Diese Arbeit, die ebenfalls im Rahmen der Höheren Fachausbildung Stufe 1 entstand, befaßt sich wie die Arbeit von Kristina Heering mit dem Erleben der PatientInnen der Station 17 B. Die Arbeit ist dabei nur auf die patientenorientierten Aspekte konzentriert und geht nicht auf Fragen ein, die zum Beispiel das Pflegepersonal betreffen. Es wird zunächst ein Überblick über gängige Definitionen gegeben, anschließend werden die persönlichen Erfahrungen mit der Pflegevisite dargestellt. Die bei der Patientenbefragung gewonnenen Daten werden durch zusammenfassende Inhaltsanalyse mit Kernaussagen der PatientInnen dargestellt. Die Resultate werden in einer Gegenüberstellung mit Erfahrungsberichten anderer Autorinnen verglichen.

Einleitung

Themenwahl und Ziel

Durch eigene Erfahrungen, durch Gespräche mit Mitarbeitern der eigenen Station oder auch durch Aushilfen anderer Stationen und durch verschiedene Patientenreaktionen habe ich bis heute nur positive Meinungen über die Pflegevisite erfahren. Dieses löste in mir den Wunsch aus, der Frage nachzugehen, was PatientInnen bei der Pflegevisite empfinden. Mein Ziel ist es zu konkretisieren, was die Pflegevisite letztendlich für die PatientInnen angenehm macht, welche Erfahrungen positiv auf sie wirken oder ob die PatientInnen sich nicht doch dadurch gestört fühlen.

Theoretische Bearbeitung

Zum besseren Verständnis und um die Unterschiede aufzuzeigen, werde ich nun die Definitionen des „Gruppenrapportes" (Juchli 1991), der „Pflegevisite nach L. Juchli" (Juchli 1991) und die der „Pflegevisite nach Heering/Heering" (1994) darstellen.

Juchli (1991) definiert den Gruppenrapport wie folgt: *„Auf der Basis der Pflegedokumentation werden Pflegeprobleme und Arbeitsverteilung besprochen."*

Die Pflegevisite wird von Juchli (1991) wie folgt definiert: *„Die Oberschwester oder ein Pflegeexperte/eine Pflegeexpertin (das kann eine Stabsstelle sein in einem größeren Krankenhaus) besucht die Kranken in regelmäßigen Abständen. Im Erfahrungsaustausch mit der Pflegegruppe wird anschließend die gegebene Pflege auf ihre Wirksamkeit überprüft, und es werden Wege zu einer bestmöglichen Pflege gesucht (Pflegeplanungsanalyse)."* Die Definition der Pflegevisite nach Heering/Heering (1994) bringt als erste deutlich die Forderung nach dem Einbezug der PatientInnen zum Ausdruck: *„Die Pflegevisite ist ein regelmäßiger Besuch bei und ein Gespräch mit der Klientin über ihren Pflegeprozeß. Die Pflegevisite dient der gemeinsamen Benennung der Pflegeprobleme und Ressourcen bzw. der Pflegediagnose, Vereinbarung der Pflegeziele, Vereinbarung der Pflegeinterventionen und Überprüfung der Pflege."* Und: *„Diese Form von Übergaberapport bedeutet konkret, daß die Bezugspflegende des Frühdienstes der Ablösenden des Spätdienstes den Patienten/die Patientin persönlich, zusammen mit der kompletten Dokumentation, im Krankenzimmer vorstellt und den Verlauf berichtet. Gleichzeitig kann die Wirksamkeit der Pflege beurteilt werden, es können, soweit noch nicht erfolgt, weitere Probleme erfaßt, neue Ziele vereinbart und weitere Maßnahmen mit den PatientInnen besprochen werden."*

Wie an den Definitionen des „Gruppenrapportes" und der „Pflegevisite nach L. Juchli" zu erkennen ist, geschieht deren Art von „Patientenübergabe" unter Ausschluß der PatientInnen bei der Planung ihrer Pflege, während Heering/Heering in ihrer Definition die Pflegevisite als ein „Instrument zur gezielten Umsetzung der Schritte des Pflegeprozesses unter Einbeziehung des Patienten/der Patientin" sehen. (Eigene Aussage der Autoren)

Persönliche Erfahrungen mit der Pflegevisite

Für mich persönlich zeigt sich durch die Pflegevisite wieder einmal mehr, daß es auch im „hektischen Spitalalltag" durch Gespräche möglich ist, den PatientInnen das Gefühl von Sicherheit, Zeit haben, ernstgenommen werden, zu vermitteln und gleichzeitig bzw. gerade dadurch, die Beziehung zwischen Pflegenden und PatientInnen zu fördern und auf beiden Seiten Zufriedenheit auszulösen. An dieser Stelle möchte ich genauer darauf eingehen, warum ich in dieser Arbeit die Pflegevisite aus der Sicht der PatientInnen versuche darzustellen. Ich selber habe die Pflegevisite, so wie sie auf unserer Station praktiziert wird, grundsätzlich als sehr positiv erlebt aus Gründen wie zum Beispiel:

• wenigstens 1x/Tag habe ich wirklich Zeit, um mit dem Patienten/der Patientin reden zu können
• PatientInnen sind aktiv an ihrem Pflegeprozeß beteiligt
• Fragen können direkt an den Patienten/die Patientin gerichtet werden
• PatientIn kann selber Fragen stellen

- komme ich zum Spätdienst, habe ich den Patienten/die Patientin bei der Übergabe gesehen und nicht nur von ihm/ihr gehört und habe so ein direktes Bild von ihm/ihr
- der Patient/die Patientin kennt seine/ihre Bezugsperson
- der Patient/die Patientin weiß, was im Spätdienst/Nachtdienst auf ihn/sie zukommt, ist informiert
- ich erhalte direkt von den PatientInnen Rückmeldung über Wirksamkeit meiner geleisteten Pflege
- die Pflegeplanung kann auf der Pflegevisite zusammen mit dem Patienten/der Patientin aktualisiert werden.

Doch bei genauerem Hinsehen hatte ich das Gefühl, diese positiven Gesichtspunkte und Empfindungen der Pflegevisite seien einseitig, d.h. seien nur bei mir als Pflegenden vorhanden. Ich stellte mir Fragen wie:

- „Wo bleibt dabei die Empfindung des Patienten/der Patientin?"
- „Was sind seine/ihre Wahrnehmungen?"
- „Sollte diese Pflegevisite nur eine „Alibiübung" für meine Pflege sein, denn ich als Pflegende weiß ja, was für den Patienten/die Patientin gut ist?"

Diese Gedankengänge machten mich nachdenklich auch, weil ich aus verschiedenen Erfahrungsberichten keine Informationen über das subjektive Empfinden der PatientInnen auf der Pflegevisite erhielt. Ich habe deshalb die PatientInnen direkt dazu befragt.

Befragung

Auswahl der Patienten

7 Privatpatienten im Alter zwischen 38 und 84 Jahren, davon:

- 2 weibliche und 5 männliche Patienten
- 7 Patienten mit allgemeinchirurgischen Eingriffen
- 1 Patient war 3 Tage hospitalisiert, 6 PatientInnen waren über 4 Wochen hospitalisiert
- alle 7 PatientInnen waren bereits schon mindestens einmal hospitalisiert, haben jedoch die Pflegevisite bei uns zum ersten Mal erlebt.

Vorgehen im Gespräch

Um auf dem direktesten Weg zu meinen Informationen zu gelangen, stellte ich den oben genannten PatientInnen, welche alle während ihres Spitalaufenthaltes in Einzelzimmern lagen, die offene Frage, welche auch das Thema dieser Arbeit bestimmt:

1. *„Wie Sie jetzt bei uns schon erlebt haben, erfolgt der Patientenrapport, die Übergabe, anders als auf anderen Abteilungen. Mich interessiert, wie empfinden Sie diese Pflegevisite bzw. was empfinden Sie während der Pflegevisite?"*

Da ich diese PatientInnen jeweils zur Zeit der Befragung auch selber pflegte, bestand eine pflegetherapeutische Beziehung und somit ein Vertrauensverhältnis. Daher mußten diese sich nicht von der Fragestellung „überrumpelt" fühlen, von zum Beispiel einer Pflegeperson, welche sie nicht kannten oder nur wenige Male gesehen hatten. Die Befragung erfolgte innerhalb eines Gesprächs mit den PatientInnen im Anschluß einer Pflegevisite oder während eines Entlassungsgesprächs rückblickend auf den Spitalaufenthalt. Aufgrund dessen, daß sich die Befragten sehr kooperativ und gesprächig zeigten, schloß ich die folgende Frage am Ende des Gespräches an, wenn ich diesbezüglich keine Information innerhalb des Gespräches von den PatientInnen erhielt:

2. *„Fühlen Sie sich durch die tägliche Pflegeviste in irgendwelcher Weise gestört oder belästigt?"*

Die durchschnittliche Dauer der Gespräche, rein auf die beiden von mir gestellten Fragen bezogen, betrug etwa 10 bis 15 Minuten.

Resulate

Die Äußerungen der PatientInnen in Bezug auf die Empfindungen, welche sie bei sich persönlich während der Pflegevisite wahrnehmen, habe ich durch eine zusammenfassende Inhaltsanalyse kategorisiert und die PatientInnen in ihren Kernaussagen zitiert.

Sicherheit durch direkte Information

*   „...denn dann habe ich meine zuständige Schwester vom Spätdienst gesehen und weiß, daß sie informiert ist; ich weiß auch, was läuft."
*   „Für mich ist der direkte Austausch von Informationen mit mir, von Frühdienst zu Spätdienst, sehr wertvoll."
*   „Ich habe den Eindruck, der Informationsfluß ist direkt und nicht hintenherum."
*   „Ich habe das Gefühl, ich bin informiert."

Zeit und Zuhören

* *„Es läuft alles ruhig, und sie haben Zeit für mich, ich genieße das Gespräch. "*
* „Als ich in Deutschland im Spital war, habe ich keine Ruhe gespürt; das Personal hatte keine Zeit."
* „Die Schwestern hören mir zu, das ist für mich sehr wichtig."
* „Das ist schon ein Unterschied zum letzten Mal bei Euch, ich merke, Ihr nehmt Euch Zeit für mich."

Ernstgenommen werden

* *„Ich fühle mich endlich mit meinen Problemen und in meiner Person ernstgenommen. "*
* „Ich kann und darf meine Probleme sagen, kann die Pflege korrigieren durch die Äußerung meiner Empfindungen."

Weitere Reaktionen der PatientInnen:

* *„Ich bin begeistert!"*
* „Ich kannte das vorher nicht und empfinde die Pflegevisite als sehr angenehm."
* „Sehr gut."
* „Ich genieße diesen Moment."

Antwort auf Frage 2:

Alle befragten PatientInnen antworteten einstimmig und unabhängig voneinander mit:
* „In keinster Weise, sondern ich freue mich auf dieses Gespräch."

Diskussion der Resultate

Anhand dieser Patientenaussagen kommt zum Ausdruck, was die PatientInnen auf der Pflegevisite empfinden, nämlich zum einen Sicherheit durch direkten Informationsfluß von Frühdienst über PatientIn zum Spätdienst, wobei durch diese Vorgehensweise Arbeitsabläufe und Pflegemaßnahmen dem Patienten/der Patientin transparent gemacht werden. Zum anderen erfährt der Patient/die Patientin, welche Pflegeperson für sie zuständig und seine/ihre Bezugsperson ist, wodurch wiederum Sicherheit und Vertrauen vermittelt wird.

Ein weiterer Faktor, warum PatientInnen die Pflegevisite als positiv empfinden, ist, daß ihnen das Gefühl vermittelt wird, das Pflegepersonal nimmt sich mindestens einmal am Tag Zeit für ein Gespräch mit ihnen. Die Aussage eines Patienten „Die Schwestern hören mir zu, das ist für mich sehr wichtig", signalisiert, daß diese Form von Patientenübergabe nicht einseitig abläuft, d.h. kein Gespräch ist nur zwischen den Pflegepersonen und auch nicht nur von Pflegeperson zu PatientIn.

Ein weiterer Punkt, der für die Pflegevisite spricht, ist das „Ernstgenommen werden". Dadurch, daß *mit* den PatientInnen und nicht *über* sie gesprochen wird, werden sie in das pflegerische Geschehen miteinbezogen, haben die Möglichkeit, eigene Ideen, Empfindungen, ihre Wirklichkeit einzubringen und ihre Pflegeziele gemeinsam mit den Pflegenden zu formulieren und zu überprüfen. Weil die PatientInnen aktiv an ihrer Pflege beteiligt sind und Mitspracherecht haben, löst dies ein hohes Maß an Zufriedenheit aus, erkennbar an den Aussagen.

Gegenüberstellung Patientenaussagen – Erfahrungsberichte

Zusammfassung anderer Erfahrungsberichte

Wie verschiedene Berichte zeigen, haben auch schon andere Stationen Erfahrungen mit der Pflegevisite gemacht.

Kraus (1991) beschreibt die „Dienstübergabe mit den Patienten". Sie schildert in ihrem Bericht die aktuelle Situation der „Dienstübergabe mit den Patienten", beschreibt das Ziel des Konzeptes, die Vorteile für das Pflegepersonal, die Vorteile für den Patienten/die Patientin und die Nachteile der Übergabe. Hoch (1992) beschreibt in ihrem Aufsatz die Ausgangssituation ihrer Station und den Weg, den sie zusammen mit ihrem Team ging bis zur Realisierung der „Dienstübergabe am Krankenbett". Sie geht dabei auch auf die Problematik bei der Einführung, so wie auf Vor- und Nachteile dieser Form von Dienstübergabe ein. Hallstam (1993) berichtet, „von der Bezugspflege begeistert" zu sein. Im Zusammenhang mit „Primary Nursing" geht sie nur kurz auf die Pflegevisite ein, indem sie sagt: „Der Informationsfluß wird dadurch erleichtert, daß er nur über wenige Personen geht und dadurch individuell abgestimmt werden kann. Außerdem machen wir unsere Übergaberapporte am Krankenbett."

Aus keinem der Berichte wird jedoch aufgrund fehlender Patientenaussagen erkenntlich, was die Meinung der PatientInnen über die Pflegevisite ist bzw. was ihre Empfindungen sind. Die folgende Gegenüberstellung der Autorinnen zeigt die inhaltlich wichtigsten Punkte der Pflegevisite und der Patientenaussagen, die ich bei meiner Befragung erhielt. Ziel dieser Gegenüberstellung ist es herauszufinden, ob die Empfindungen der PatientInnen auf der Pflegevisite mit den Vorstellungen des Pflegepersonals übereinstimmen (siehe Tabelle 4).

Tabelle 4

	Patientenaussagen	Erfahrungsberichte
Information	• „...denn dann habe ich meine zuständige Schwester vom Spätdienst gesehen und weiß, daß sie informiert ist; ich weiß auch, was läuft." • „Für mich ist der direkte Austausch von Informationen sehr wertvoll." • „Ich habe den Eindruck, der Informationsfluß ist direkt und nicht hintenherum." • „Ich habe das Gefühl, ich bin informiert."	• PatientIn kennt zuständige Pflegekraft. • PatientIn weiß, was in der Spätschicht auf ihn/sie zukommt. • Pflegepersonal erhält ein direktes Bild von PatientIn. • Pflegeprobleme und -maßnahmen werden direkt beim/bei der PatientIn erklärt und ggf. verändert. • Pflegepersonal bekommt direktes Feedback über geleistete Arbeit im Frühdienst. • Informationen sind sehr sachlich. • Angefallene postoperative Maßnahmen wie Überwachung von venösen Zugängen, Drainagen, Sonden, Kontrolle von Vitalzeichen werden erläutert sowie Informationen zu geplanten diagnostischen und therapeutischen Maßnahmen gegeben.

Tabelle 4

	Patientenaussagen	Erfahrungsberichte
Zeit und Zuhören	• „Es läuft alles ruhig, und sie haben Zeit für mich, ich genieße das Gespräch." • „Als ich in Deutschland im Spital war, habe ich keine Ruhe gespürt, das Personal hatte keine Zeit." • „Die Schwestern hören mir zu, das ist mir sehr wichtig." • „Das ist schon ein Unterschied zum letzten Mal bei Euch, ich merke, Ihr nehmt Euch Zeit für mich."	• Abschließendes Gespräch mit den PatientInnen über noch offene Fragen, z.B. Wünsche, Anregungen und Sorgen des Patienten/der Patientin entgegennehmen. • Pflegepersonal hat mehr Zeit für den Patienten/die Patientin.
Ernstgenommen werden	• „Ich fühle mich endlich mit meinen Problemen und als Person ernstgenommen." • „Ich kann und darf meine Probleme sagen, kann die Pflege korrigieren durch die Äußerung meiner Empfindungen."	• PatientIn kann seine Wünsche, Ängste, Bedürfnisse äußern. • Durch persönlichen Kontakt soll den PatientInnen vermittelt werden, daß man auf ihre Bedürfnisse eingeht und diese sich somit gut versorgt fühlen. • PatientIn kann selbst Fragen stellen. • PatientIn wird direkt in das Gespräch miteinbezogen.

Diskussion der Resultate

Bei dieser Gegenüberstellung fällt mir auf, daß die Patientenaussagen mit den Aussagen der Erfahrungsberichte inhaltlich übereinstimmen. Jutta Kraus, Maria Hoch und Andrea Hallstam sind zwar in ihren Aussagen differenzierter, werden aber durch die Ergebnisse meiner Befragung durch die Patienten bestätigt.

Als Nachteile des „Rapportes am Krankenbett" geben Jutta Kraus und Maria Hoch die Erforderlichkeit von Offenheit und Ehrlichkeit an, so wie das Pflegepersonal genau überlegen muß, was sie vor dem Patienten/der Patientin am Krankenbett sagen. Außerdem seien Datenschutz und Intimsphäre durch die Anwesenheit der Mitpatienten gefährdet.

Meiner Meinung nach haben die PatientInnen ein Recht auf Offenheit und Ehrlichkeit. Zum zweiten Punkt „Datenschutz und Intimsphäre" möchte ich anmerken, daß die Arztvisite auch in diesem Rahmen stattfindet. Wir auf unserer Station stellen den Patienten in Zweibettzimmern frei, ob sie die Pflegevisite wünschen, ablehnen oder in einem für sie geschützteren Raum – z.B. Arztzimmer oder Aufenthaltsraum, sofern es die Patientensituation zuläßt – durchführen möchten. Die Erfahrung zeigt, daß die Mehrheit der PatientInnen von diesem Angebot keinen Gebrauch macht und auch in Anwesenheit ihres Zimmernachbarn/in an der Pflegevisite teilnimmt. Ich persönlich habe noch nicht erlebt, daß ein Patient/eine Patientin die Pflegevisite ablehnte.

Empfehlungen

Durch die verschiedenen Patientengespräche und Aussagen der PatientInnen ist mir sehr stark bewußt geworden, daß das Reden mit den PatientInnen und ihnen zuhören einen wesentlichen Teil der Pflege ausmacht und bei diesen einen sehr hohen Stellenwert, wenn nicht sogar Priorität hat; wohingegen wir als Pflegepersonen sicher in dieser Hinsicht noch einige Zeit des Umdenkens benötigen, weil unser Bewußtsein im Allgemeinen noch sehr stark verrichtungsorientiert (behandlungspflegeorientiert) ist.

So ist es für viele PatientInnen zum Beispiel zweitrangig, ob eine Krankenschwester „bessere" Blutentnahmen oder „bessere" Injektionen ausführen kann als ihre Kollegin, wenn nicht auch wenigstens einmal am Tag Zeit für ein Gespräch ist. Und da bietet gerade die Pflegevisite eine große Möglichkeit zur Kommunikation.

Wenn ich rückblickend die Zeit, in der für mich die „Pflegevisite" ein Fremdwort war, mit heute vergleiche, wo ich mir meine Pflege ohne diese Form von Patientenübergabe nicht mehr vorstellen könnte, aus den oben angeführten Gründen und durch die jetzt ermittelten Patientenaussagen, dann bin ich der Meinung, daß die Arbeit des Pflegepersonals den PatientInnen durch die Pflegevisite transparenter wird; womit ein erheblicher Schritt in Richtung Professionalität getan worden ist. Meine eigenen Erfahrungen zeigen, daß eine Pflegevisite mit den PatientInnen die pflegetherapeutische Beziehung zwischen PatientIn und Pflegenden fördert und die gemeinsame Arbeit erleichtert.

Schlußbemerkungen

Durch diese Arbeit erkenne ich, daß sich mein Pflegeverständnis dahingehend verändert hat, daß die Pflegevisite für mich nun keine „Alibiübung" in der Pflege mehr ist, da sie auch aus der Sicht der PatientInnen – so ihre Aussagen – positive

Gefühle und Zufriedenheit auslöst, so daß ich voll und ganz hinter dieser Art von Patientenrapport stehen kann. Während der Auseinandersetzung mit dem Thema *„Was empfinden Patienten bei der Pflegevisite?"* stellten sich mir noch weitere Fragen:

* *„Was erleben wir als Pflegepersonal auf der Pflegevisite?"*
* „Bringt die Pflegevisite einen Zeitgewinn in der Pflege?"
* „Was ist effizienter – Gruppenrapport oder Pflegevisite?"
* „Pflegevisite – ein weiterer Schritt zur Sicherung der Pflegequalität?"

Diese Fragen näher anzusehen wäre für mich persönlich von Interesse, würde jedoch im Rahmen dieser Arbeit zu weit führen.

Am Ende dieser Arbeit möchte ich kritisch anmerken, daß es vielleicht den Anschein haben mag, ich habe die Pflegevisite nur in einem positiven Licht dargestellt. Doch zu Beginn meiner Arbeit war ich mir bewußt und habe auch darauf gewartet, daß die PatientInnen Kritik an der Pflegevisite üben würden. Es wäre interessant, dieselben Patienten, die ich während ihres Spitalaufenthaltes befragte, einige Wochen nach ihrer Entlassung mit der gleichen Fragestellung zu konfrontieren, nämlich dann, wenn sie einen gewissen Abstand zum Spitalalltag erhalten haben. Man könnte dann untersuchen, ob sie die gleichen Empfindungen wie während des Spitalaufenthaltes haben oder der Pflegevisite kritischer gegenüberstehen.

Was bedeutet die Pflegevisite für die Pflegenden?

Von Barbara Müller, dipl. Krankenschwester, dipl. HöFa 1

Seit etwas mehr als zwei Jahren arbeiten wir auf unserer Station mit der Pflegevisite. Es interessierte mich dabei herauszufinden, was die Pflegevisite für die Pflegenden im Alltag bedeutet. Einleitend gebe ich einen kurzen geschichtlichen Überblick, um Entwicklungen im Pflegeverständnis darzustellen. Anschließend wird die Theorie der Pflegevisite vorgestellt. Im Untersuchungsabschnitt werden die durch zusammenfassende Inhaltsanalyse gewonnenen Erkenntnisse aus den Interviews mit meinen Arbeitskolleginnen diskutiert. Aus den Resultaten wird deutlich, daß die Pflegenden die Pflegevisite grundsätzlich als positiv empfinden und sie nicht mehr missen möchten. Die wichtigsten Vorteile wurden darin gesehen, daß eine positive Beziehung zwischen den Pflegenden und den KlientInnen gefördert wird, die KlientInnen ernster genommen werden, Pflegende bewußt Zeit haben, um zuhören zu können, Pflegende ein sichereres Gefühl durch bessere Information haben und daß KlientInnen häufiger und offener Fragen stellen. Vor allem zeigte sich, daß sich die Beziehung zu den KlientInnen verändert. Dadurch entsteht eine Pflegeauffassung, in der sowohl die Pflegenden als die KlientInnen als Persönlichkeiten wahrgenommen werden, womit eine deutliche Förderung der Professionalität der Pflege verbunden ist. Es konnte festgestellt werden, daß die Pflegevisite nach Heering/Heering eine geeignete Methode ist, um ein klientInnenorientiertes Pflegeverständnis umzusetzen.

Einleitung

Thema, Ziele

Im Rahmen meiner Abschlußarbeit für die Höhere Fachausbildung in Pflege (Stufe 1, HöFa 1) setzte ich mich mit dem Thema Pflegevisite auseinander. Es interessierte mich dabei vor allem herauszufinden, wie die Umstellung von einem bis dahin üblichen großen Pflegerapport ohne Beteiligung der PflegeempfängerInnen auf die Pflegevisite nach Heering/Heering (1994) von den Pflegenden aufgenommen wurde: Ich möchte herausfinden, was die Pflegevisite für die Pflegenden als Einzelpersonen, aber auch für die Pflegenden als Berufsgruppe bedeutet, welche Erfahrungen sie damit im Alltag machen und ob unter Umständen Änderungen in der Form der Durchführung notwendig sind.

Abgrenzungen

In meiner Abschlußarbeit möchte ich vor allem die Eindrücke der Pflegenden bezüglich der Pflegevisite genauer betrachten. Auf organisatorische Fragen werde ich dabei bewußt nur am Rande eingehen, da dies nicht zu meiner Zielsetzung gehört. Die Perspektiven, die die KlientInnen betreffen, werde ich nicht näher beschreiben, da eine Arbeitskollegin bereits in ihrer HöFa 1-Abschlußarbeit Teilaspekte davon untersuchte (Bode 1994). Sie kam in ihrer Arbeit zu folgenden Erkenntnissen: Die KlientInnen empfinden bei der *Pflegevisite „Sicherheit durch direkten Informationsfluß von Frühdienst über KlientIn zum Spätdienst, wobei durch diese Vorgehensweise Arbeitsabläufe und Pflegemaßnahmen den KlientInnen transparent gemacht werden. Zum anderen die KlientInnen, welche Pflegeperson ihre Bezugsperson ist, wodurch wiederum Sicherheit und Vertrauen vermittelt werden."* Sie erwähnt auch, daß die KlientInnen empfinden, daß die Pflegenden sie ernst nehmen und sich für sie Zeit nehmen. Dies löse bei den KlientInnen ein erhöhtes Maß an Zufriedenheit aus.

Vorgehen

Ich werde zunächst einen kurzen geschichtlichen Überblick über die Entwicklung und den Wandel sowohl in der Gesellschaft wie auch in der Pflege vom 19. Jahrhundert bis heute (1994) aufzeigen. Dadurch soll verständlich werden, warum die Pflegevisite eine neue Möglichkeit in der Pflege darstellt, um das klientenorientierte Pflegeverständnis umsetzen zu können. Anschließend stelle ich in einer Untersuchung den Bezug zur Praxis her und zeige auf, wie das Bedürfnis auf der Station nach einer Neuerung zustande kam und wie die Pflegevisite nach Heering/Heering, welche auf unserer Station praktiziert wird, definiert wird. Um zu den Antworten zu kommen, werde ich Interviews durchführen. Anschließend werden die Resultate der Befragung in zusammengefaßter Form vorgestellt und in Bezug auf Empfehlungen und Konsequenzen für die Pflege diskutiert. Den Abschluß der Arbeit bildet meine Stellungnahme über den Verlauf und den Lernprozeß während der Abschlußarbeit.

Historische Hintergründe

Bevor ich auf die Pflegevisite näher eingehe, möchte ich in einer Zusammenfassung die *Entwicklung der Gesellschaft und der Krankenpflege vom 19. Jahrhundert bis jetzt aufzeigen.* Dadurch soll verständlicher werden, warum die Pflegevisite eine Möglichkeit darstellt, das moderne Pflegeverständnis auch in der Praxis umsetzen zu können.

Krankenpflege als Frauenberuf

Seidl (1993) legt dabei in ihren Ausführungen einen Schwerpunkt auf die Krankenpflege als typischen Frauenberuf und auf die Arbeitsbedingungen der Pflegepersonen: Im 19. Jahrhundert finden im Arbeitsbereich und im Bereich der Familie große Veränderungen statt. Durch die industrielle Revolution werden viele Frauen des damaligen Proletariats zur Fabrikarbeit angelernt, während die bürgerlichen Frauen dazu bestimmt waren, für das Wohl von Mann und Kindern zu sorgen. Sofern die Frauen sich für Gleichberechtigung in Ausbildung und Beruf interessierten, gab es zu jener Zeit fast keine Möglichkeiten, diese umzusetzen.

Als die moderne klinische Medizin entstand, wird die bürgerliche Frau, welche aufopfernd alle im Haushalt anfallenden Arbeiten übernimmt und sämtliche Bedürfnisse der Familie erfüllt, in den Krankenhäusern dringend benötigt. Ihr wurde als Krankenschwester die hausarbeitsnahe Sorge um die KlientInnen anvertraut. Fast hundert Jahre lang war die berufliche Ausübung der Krankenpflege mit Ehelosigkeit verbunden. Sichtbares Zeichen davon war die Haube, welche als Symbol dafür galt, daß deren Trägerin auf eigene Bedürfnisse verzichtet, aber auch das Recht hatte, ohne Begleitung in ein fremdes Haus zu gehen.

In den Anfängen der Entwicklung der beruflichen Krankenpflege gab es zweierlei Einstellungen zu den Tätigkeiten, die zur Krankenpflege gehören. Die einen fanden, die Krankenschwester sei immer für alles zuständig, und die anderen waren der Meinung, die Schwestern könnten entlastet und ihr Ansehen verbessert werden, indem Dienstboten die Reinigungsarbeiten auszuführen hätten. Vor allem nach dem 2. Weltkrieg gibt es große Abgrenzungsbemühungen zwischen diplomierten Krankenschwestern und Hilfskräften. Damals waren aber gut ausgebildete Krankenschwestern gegenüber den Hilfskräften in der Minderheit, da es Personalmangel gab und viel ungeschultes Personal eingestellt wurde. Die Krankenschwestern beanstandeten, daß sie häufig durch nichtfachliche Aufgaben belastet und dadurch von der eigentlichen Pflege abgehalten würden.

Unbezahlbare oder unterbezahlte Arbeit?

Der Beruf der Krankenpflege war, historisch betrachtet, eine caritative Tätigkeit, und wurde von Ordensleuten oder von Frauen, welche die Pflege Kranker im Familienkreis übernahmen, ausgeübt. Weil diese Tätigkeit lange unentgeltlich verrichtet wurde, gab es in der Entwicklung des Berufes immer wieder Diskussionen um die Entlohnung. Die Gesellschaft erwartete von den Ordensleuten Pflege dem kranken Mitmenschen gegenüber aus Liebe zu Gott ohne Bezahlung und von den Frauen Betreuung aus Liebe zu ihrer Familie. Es wurde immer wieder behauptet, die Arbeit der Frau sei nicht bezahlbar, und die Diakonisse habe vollständig auf materiellen Verdienst zu verzichten. In den fünfziger Jahren dieses Jahrhunderts begannen die Gewerkschaften, die angebliche Unbezahlbarkeit des Pflegeberufes anzufechten.

1958 betonte in Oesterreich die Oberin Fleischhacker auf einer Betriebsräte-
konferenz in einem vielbeachteten Referat: „*Drei Jahre lang wird der Kranken-
pflegeschülerin gepredigt, ihr eigenes ich zurückzustellen, nicht zu fordern,
nichts zu verlangen, Zurückhaltung zu üben, mit keiner pünktlichen Arbeit zu
rechnen, usw. Dies führt dazu, daß die Krankenschwester dann im Berufsleben
eine gewisse Scheu und Zurückhaltung zur Schau trägt, welche ihr meist vom
übrigen Krankenhauspersonal übelgenommen wird. Die Krankenschwester lehnt
es ab, die Werbetrommel zu rühren und öffentlich für ihren Beruf Forderungen zu
stellen.*"

Auch in der heutigen Zeit gibt es noch immer Kreise in der Gesellschaft, welche dem Pflegepersonal deren Forderungen nach leistungsgerechter Entlohnung
übelnehmen, weil „sich so etwas nicht gehört".

Mütterlichkeit und Krankenpflege

Das Berufsbild der Krankenschwester wurde geprägt vor allem durch drei charakteristische Elemente: die Arbeit im Haushalt, das Schaffen einer gemütlichen
Atmosphäre durch Gefühlsarbeit und die Bereitschaft, alle Arbeiten rund um die
Uhr und ohne Bezahlung durchzuführen. All diese Fähigkeiten hatte die Krankenschwester auch den Kranken im Krankenhaus zukommen zu lassen.

Dadurch, daß in letzter Zeit in der Gesellschaft ein Wandlungsprozeß stattfand
und sich beispielsweise sowohl die Familien- als auch die Erwerbsstrukturen
stark veränderten, ist auch das bestehende Modell der Gesundheitsversorgung
und des Krankenhauses in Frage gestellt. In der heutigen Krankenpflege, welche
sich klientInnenorientiert entwickelt, werden die Kranken als mündige Menschen
gesehen, die in ihrer momentanen Situation umfassende Unterstützung brauchen.
Diese klientInnenorientierte Pflege beruht in ihren Grundsätzen aber nicht mehr
auf der damaligen Weiblichkeitsideologie, sondern braucht selbständige, unab-
hängige Pflegepersonen, welche den Kranken in deren Ganzheit und Individualität begegnen.

Krankenpflege als paramedizinischer Beruf

Durch die Entstehung der wissenschaftlichen Medizin bekam der Arztberuf einen
höheren Stellenwert, und es entstand eine Arbeitsteilung in medizinische und paramedizinische Aufgaben. Je weiter sich die Medizin entwickelte, um so mehr
benötigte sie die paramedizinischen Berufe. Die Krankenpflege behielt zwar ihre
Funktionen, sie wurde aber unter ärztliche Aufsicht gebracht. Somit wurden die
Pflegenden Angehörige eines paramedizinischen Hilfsberufes und übernahmen
ausführende Arbeiten, welche von einem Arzt angeordnet waren. Die altherge-
brachte Funktion des Pflegens wurde durch das Pflegepersonal weiter ausgeübt.
Es entstand durch diese zwei Aufgabenbereiche ein Rollenkonflikt bei den Pflegenden. Dieser Konflikt wurde durch die Ausweitung der medizinischen Maß-

nahmen noch verstärkt, indem die Pflegekräfte immer mehr in die diagnostischen und therapeutischen Methoden miteinbezogen wurden. Beispielsweise galt in der ersten Hälfte des 19. Jahrhunderts das Pulsmessen als hochqualifizierte ärztliche Aufgabe, welche langsam dem Pflegepersonal übergeben wurde. Heute ist es selbstverständlich, daß in der Pflege komplizierte, technische Methoden zur KlientInnenüberwachung angewendet werden. Es entstand eine Entwicklung weg von der „KlientInnenpflege" hin zur „Apparatepflege". Die Pflegenden wehrten sich aber dagegen, bis die „KlientInnenpflege" wieder in den Vordergrund rückte und dadurch ein neues Selbstbewußtsein entstand.

Aufstiegsmöglichkeiten gibt es in den paramedizinischen Hilfsberufen innerhalb der eigenen Hierarchie oder durch die Möglichkeit der Spezialisierung in einem medizinischen Fachbereich. Als klassische Formen der Spezialisierung gelten vor allem Operations-, Anästhesie-und Intensivpflege.

Aufgrund dieser Entwicklung des Berufes stellt sich die Frage, in welcher Form aus dem medizinischen Hilfsberuf Krankenpflege ein eigenständiger Beruf entstehen kann. In verschiedenen Ländern zeichnen sich unterschiedliche Möglichkeiten ab. Durch das Aufgeben der eigentlichen Pflege und das Ausweichen in andere Tätigkeitsbereiche kann keine zufriedenstellende Lösung entstehen. Es gibt jedoch die Möglichkeit, das Verständnis der eigenen Berufsrolle zu vertiefen. Dies wird als eine entscheidende Aufgabe inmitten der vielfältigen Entwicklungen gesehen.

Schlußfolgerungen

Aufgrund der geschichtlichen Entwicklung sowohl in der Gesellschaft wie auch in der Pflege wird deutlich, daß sich der Pflegeberuf fortlaufend in einem Wandel befindet. Momentan sind in der Praxis vermehrt Bemühungen feststellbar, das klientInnenorientierte Pflegeverständnis umzusetzen. Dabei wird viel Wert darauf gelegt, daß die Kranken von fachkompetenten Pflegepersonen als mündige Menschen wahr- und ernstgenommen werden. Ich denke, daß mit der Pflegevisite eine geeignete Methode entwickelt wurde, um diese Bemühungen in Richtung Professionalität (wo sich Pflegende und KlientInnen als Persönlichkeiten begegnen) auch konkret in der Praxis umsetzen und anwenden zu können.

Anlaß für die Einführung der Pflegevisite auf der Station

Stationssituation

Im Team war das Bedürfnis da, die Arbeitszeitregelung zu verändern. Bis dahin gab es den üblichen „Teildienst" (in Deutschland: „geteilter Dienst") mit frühem Arbeitsbeginn, langer Mittagspause und eher spätem Feierabend. Diverse Änderungsvorschläge, welche zur Diskussion standen (z.b. Zwischendienst, durchgehender Dienst, usw.) und doch nicht so recht überzeugten, wurden immer wieder fallen gelassen. Nach einiger Zeit kristallisierte sich aber heraus, daß durch eine Umverteilung der Aufgaben in den verschiedenen Diensten ein durchgehender Frühdienst möglich ist. Ich möchte an dieser Stelle aber nicht näher auf die Organisation der Umstellung der Arbeitszeiten eingehen, da dies nicht das zentrale Anliegen dieser Arbeit ist.

Bevor wir diese Umverteilung der Aufgaben einführten, wurde uns von der Stationsleitung die Anregung unterbreitet, die Pflegevisite einzuführen. Durch diesen interessanten Vorschlag änderte sich einiges auf der Station und vieles bei uns Pflegenden selber. In einer längerdauernden Planungsphase wurde das Projekt der Pflegevisite konkret ausgearbeitet.

Die Pflegenden wurden während ein halbes Jahr lang vor der Einführung der Pflegevisite auf der Station darauf vorbereitet. Es galt vor allem, den Pflegeprozeß zu vertiefen und konkret anzuwenden. Durch Mithilfe einer Pflegeexpertin arbeiteten wir am Pflegeverständnis des ganzen Teams. Besonderes Augenmerk wurde dabei der Pflegedokumentation im Hinblick auf kontinuierliches Schreiben des Pflegeberichtes und Bezugnahme auf die erstellte Pflegeplanung im Pflegebericht gewidmet, damit der Pflegeprozeß auch als hilfreiche Unterstützung eingesetzt werden kann. Durch die über mehrere Monate dauernden Schulungen festigte sich das Pflegeverständnis unter den Pflegenden und es waren deutliche Fortschritte hinsichtlich der Qualität der Pflegedokumentation feststellbar.

Trotz der ausgiebigen Vorbereitungen bestanden aber im Team Ängste gegenüber den Neuerungen. In einer Teamsitzung wurden alle Befürchtungen und offenen Fragen besprochen, was das Selbstvertrauen festigte. Im August 1992 begannen wir schließlich, die Pflegevisite auf der Station zu praktizieren.

Das Konzept der Pflegevisite

Unterschiedliche Definitionen

In der Literatur wird das Konzept der Pflegevisite zum Teil recht kontrovers diskutiert.

Juchli (1994) liefert keine eigentliche Definition oder Beschreibung der Pflegevisite, bemerkt aber zu deren Funktion:

„Die Oberschwester oder ein Pflegeexperte/eine Pflegeexpertin (das kann eine Stabsstelle sein in einem größeren (vgl. S. 100!) Krankenhaus) besucht die Kranken in regelmäßigen Abständen. Im Erfahrungsaustausch mit der Pflegegruppe wird anschließend die gegebene Pflege auf ihre Wirksamkeit überprüft, und es werden Wege zu einer bestmöglichen Pflege gesucht (Pflegeplanungsanalyse).“

In dieser Umschreibung bleibt der Einbezug der KlientInnen unberücksichtigt; die Pflegevisite nach Juchli gerät so eher zum Führungsinstrument denn zu einer Methode klientenzentrierter Pflege.

Auch Christian (1994) bringt keine eigentliche Definition, betont aber in einer Umschreibung ebenfalls den Führungsanteil, wenn sie ausführt:

„Interaktion von Sachverständigen der Pflege;
- initiiert von: Pflegenden und Pflegedienstleitung
- durchgeführt mit: dem *KlientInnen,*
- analog der Methode des Pflegeprozesses
- mit dem Ziel: Qualitätssicherung und Entwicklung einer Pflegekultur im Krankenhaus.“

Erst in der Definition nach Heering/Heering (1994) wird der Einbezug der PflegeempfängerInnen in den Pflegeprozeß deutlich:

„Die Pflegevisite ist ein regelmäßiger Besuch bei und ein Gespräch mit der/dem Klient/in über ihren/seinen Pflegeprozeß.

Die Pflegevisite dient der gemeinsamen
- Benennung der Pflegeprobleme und Ressourcen beziehungsweise der Pflegediagnose
- Vereinbarung der Pflegeziele
- Vereinbarung der Pflegeinterventionen
- Überprüfung der Pflege

Für die Umsetzung der Pflegevisite nach Heering/Heering auf unserer Station heißt das konkret: Es findet bei uns am Nachmittag kein Gruppenrapport mehr statt, bei welchem im Stationszimmer *über* die KlientInnen geredet wird, sondern die zuständige Pflegende vom Frühdienst und Spätdienst gehen mit der entsprechenden Dokumentation zu den KlientInnen und führen mit diesen zusammen die Pflegevisite durch. Sofern eine KlientIn in einem Mehrbettzimmer liegt, erkundigen wir uns, ob er/sie es bevorzugt, diese in einem separaten Raum (Untersuchungszimmer oder Aufenthaltsraum) durchzuführen. Vielfach erzählen sich die KlientInnen ihre Leiden und die damit verbundenen Probleme gegenseitig; dadurch sind sie fast immer dafür, die Pflegevisite im Zimmer abzuhalten. Damit die KlientInnen aktiv in das Gespräch miteinbezogen werden, wenden wir gezielt eine integrierende Gesprächstechnik an, die in der Durchführung etwa so lautet: „Ich würde Ihnen gerne meine Ablösung vorstellen, Sr. XY. Sie ist bis etwa 23 Uhr für Sie zuständig. Bitte erzählen Sie meiner Kollegin, warum Sie bei uns sind"; oder: „Bitte erzählen Sie uns, wie Sie den Tag bis anhin erlebt haben und was für Sie dabei wichtig geworden ist." Weiter ermuntern wir die KlientInnen gezielt, Fragen anzubringen, zum Beispiel zu Untersuchungen, zu den geplanten pflegerischen oder medizinischen Verrichtungen etc.

In der Regel erzählen die KlientInnen daraufhin frei, wie sie den Morgen erlebt haben. Gelegentlich bevorzugen es einzelne, wenn die Pflegende vom Frühdienst das Rapportieren übernimmt. Je nach dem, was die KlientIn alles erzählt, braucht es zur ausführlichen Information der nachfolgenden Pflegenden noch Ergänzungen. Dies kann folgendermaßen aussehen: „Herr X., ich orientiere meine Kollegin noch über die Infusionen, welche Sie heute Abend noch von ihr erhalten werden."

Dadurch, daß wir mit dem KlientInnen zusammen die Probleme besprechen, findet bei der Pflegevisite auch eine Überprüfung der geleisteten Pflege statt, indem wir gezielt um Rückmeldungen zum Wohlbefinden und zur Wirksamkeit der Pflege bitten. Im Anschluß wird noch genauer auf den Pflegeprozeß eingegangen.

Der Pflegeprozeß als theoretischer Rahmen für die Pflegevisite

Heering/Heering (1994) haben als Grundlage für die Pflegevisite auch den Pflegeprozeß neu überarbeitet. Der Hintergrund dieses Pflegeprozesses ist nicht medizinisch-naturwissenschaftlich oder an einem Pflegebedürfnismodell ausgerichtet, sondern weist einen klientenzentrierten Ansatz auf. Der Schwerpunkt in einem solchen klientenzentrierten Pflegeverständnis besteht darin, daß jede KlientIn von der Pflegeperson als mündiger und verantwortlicher Mensch wahr- und ernstgenommen wird. Ein mündiger Mensch kann durch angemessene Information und Unterstützung seine Entscheidungen selbständig treffen. Hierzu ein Zitat von Heering/Heering: *„Der gesamte Pflegeprozeß muß mit dem oder der Pflegeempfänger/in gemeinsam abgesprochen werden: Die Pflegenden müssen ihren Klient/innen das Ergebnis ihrer Pflegesituationseinschätzung (Datensammlung und Analyse) mitteilen und mit ihnen gemeinsam nach Zielen und Wegen suchen, die vor allem die Bedürfnisse und Wünsche der KlientInnen berücksichtigen. Je nach Pflegesituation ist es vorstellbar, die KlientIn auch in die Einschätzung selbst miteinzubeziehen, daher wird dieser Schritt in der Definition der Pflegevisite entsprechend erwähnt. Der Entscheid über Ziele und Interventionen muß den Klient/innen in informierter Autonomie vorbehalten bleiben, die Pflegenden können dabei Berater/innen und Entscheidungshelfer/innen sein. Dies erfordert regelmäßige, gezielte Gespräche über den gesamten Pflegeprozeß, mit anderen Worten: eine Pflegevisite."*

Persönliche Erfahrungen mit der Pflegevisite

In den zwei Jahren, in denen ich mit der Pflegevisite arbeite, wurde diese für mich sehr wichtig. Als wir die Pflegevisite auf der Station neu einführten, war auch ich neugierig, wie sich das Ganze wohl entwickeln würde. Wenn ich an meine beruflichen Hochs und Tiefs zurückdenke, bei denen ich mich und meine Arbeit in Frage stellte, dann war die Pflegevisite etwas sehr Gutes und Hilfreiches. Wir Pflegenden bekommen sehr oft positive Rückmeldungen von KlientInnen und deren Angehörigen, sei es während eines Gespräches oder in Dankesschreiben. Gelegentlich sind es auch kritische KlientInnen, welche uns dadurch anspornen, die Pflegevisite aufmerksam anzugehen.

Ich möchte an dieser Stelle die Vor- und Nachteile aufzählen, warum die Pflegevisite für mich persönlich an Bedeutung gewonnen hat:

Vorteile, wenn ich im Frühdienst arbeite

• Auch wenn ich KlientInnen pflege, bei denen ich während des Morgens nicht viel Zeit verbringen konnte, weiß ich, daß ich auf der Pflegevisite wenigstens einmal am Tag mit dem KlientInnen ein aufmerksames Gespräch führen kann und spätestens dann die Möglichkeit habe, diese zu informieren, warum ich so wenig im Zimmer war.
• Die KlientIn kann das, was sie am Morgen erlebte, in eigenen Worten erzählen, und ich kann somit vergleichen, ob ich dies auch so wahrgenommen habe, wie dies von der KlientIn empfunden wurde.
• Ich habe die Gelegenheit, die KlientInnen über noch ausstehende Untersuchungen zu informieren.
• Zusammen mit den KlientInnen und der Pflegenden vom Spätdienst können wir Probleme besprechen und gemeinsam nach Lösungen suchen. Der Pflegeprozeß wird also direkt im Krankenzimmer und nicht am Schreibtisch geplant.
• Da ich die gesamte Pflegedokumentation mit ins Zimmer nehme, kann ich überprüfen, ob ich am Morgen alles erledigen konnte oder ob ich noch etwas an die Pflegende vom Spätdienst delegieren kann/muß.
• Ich kann mich während der Pflegevisite bei den KlientInnen erkundigen, ob diese noch Fragen haben. Auch die direkte Verabschiedung erhält so einen festen Platz im Tagesablauf und steigert die Verbindlichkeit.

Auch im Spätdienst nehme ich einige Vorteile war:

• Ich kann mit der zuständigen Pflegenden vom Frühdienst gemeinsam zu den KlientInnen gehen und erhalte dadurch einen konkreten Gesamteindruck. Dies erweist sich besonders auch bei den Frischoperierten mit größeren abdominalchirurgischen Eingriffen als sehr vorteilhaft, da ich die zahlreichen Zu- und Ableitungen direkt und gemeinsam mit meiner Kollegin kontrollieren kann. So werden Angst oder Unsicherheit vermieden, die sonst gelegentlich entstanden, wenn ich die Situation nur vom Hörensagen, sprich vom großen Rapport her, kannte.

- Die KlientIn weiß, daß ich bis 23 Uhr bei ihr zuständig bin, und wir können so zusammen Fixzeiten für den Spätdienst vereinbaren.
- Ich kann direkt Fragen an die KlientInnen stellen, beispielsweise über die Wirkungen und Nebenwirkungen eines verabreichten Schmerzmedikamentes.
- Auf der Pflegevisite erhalte ich von der Pflegenden vom Frühdienst sachliche Informationen, da der KlientIn dabei anwesend ist oder die Informationen direkt weitergibt.

Insgesamt lassen sich die Vorteile wie folgt zusammenfassen:
- Dadurch, daß wir die Pflegevisite durchführen, machen wir unsere Arbeit sowohl den KlientInnen wie auch ihren Angehörigen gegenüber transparenter
- Wir sparen Zeit ein, indem wir nicht mehr den Gruppenrapport durchführen, bei welchem über jede KlientIn ausführlich erzählt wird und es den größeren Teil des Teams doch nicht interessiert, da sie für einige ohnehin nicht zuständig sind. Diese Zeit kann direkt mit den KlientInnen verbracht werden, bei denen ich auch verantwortlich bin. Zudem bietet es sich an, noch anfallende Arbeiten wie Betten, Mobilisieren und Überwachen gleich mit zu erledigen.

Wenn ich die Vorteile der Pflegevisite aufzähle, dürfen natürlich auch die Nachteile nicht vergessen werden. Der wichtigste Nachteil meines Erachtens besteht darin, daß ich als Pflegende nicht mehr über alle KlientInnen informiert bin, die bei uns auf der Abteilung liegen. Inzwischen lernte ich aber, daß ich bei der zuständigen Pflegenden direkt nachfragen und mich informieren kann, wenn bei einem KlientInnen etwas Spezielles ist und ich mich dafür interessiere. Unter Umständen kann ich das Wesentliche auch in der KlientInnendokumentation nachlesen. Zudem kann ich in der heutigen Zeit nicht immer von allen KlientInnen über alles unterrichtet sein, da das zuviel wäre. Ich weiß lieber mehr von den KlientInnen, bei denen ich zuständig bin.

Untersuchung

Nachdem ich meine persönlichen Erfahrungen mit der Pflegevisite im vorangehenden Kapitel festgehalten habe, wollte ich dazu Genaueres von meinen Arbeitskolleginnen ermitteln. Ich habe mich entschieden, meine Untersuchung in der Form von Leitfadeninterviews durchzuführen.

Interviewleitfaden

Die Interviewfragen gestaltete ich in der „Trichtersequenz": Ich beginne mit einer offenen Frage und gehe danach jeweils auf eine engere Fragestellung über.

1. Was erlebst Du bei der Pflegevisite?

2. Was bedeutet Dir die Pflegevisite?

3. In Erfahrungsberichten über die Pflegevisite werden Vorteile beschrieben, wie zum Beispiel:
   - mehr Zeit für die KlientInnen zu haben
   - dadurch, daß die Pflegende die KlientInnen persönlich kennenlernen, erhält sie ein direktes Bild von diesen
   - Pflegeprobleme werden mit den KlientInnen besprochen
   - Informationen sind sachlich
   - Aufwertung der Pflege durch Förderung der Beziehung zwischen KlientInnen und Pflegenden

   –› Was denkst Du darüber?

4. Was empfindest Du als Nachteil der Pflegevisite?

Auswahl der Befragten

Für das Interview wählte ich fünf Kolleginnen aus, mit denen ich zusammenarbeitete. Um ein möglichst breites Spektrum an unterschiedlichen Meinungen zu erhalten, suchte ich Mitarbeiterinnen aus, die schon unterschiedlich lange auf der Station tätig sind und teilweise Erfahrungen von anderen Stationen, Spitälern und vereinzelt auch aus Deutschland mitbringen.

Durchführung der Interviews

Zuerst holte ich eine mündliche Einverständniserklärung bei meinen Kolleginnen für das geplante Interview ein. Ich informierte sie darüber, daß ich das Interview auf ein Diktiergerät aufnähme, um anschließend die Befragung wortwörtlich niederschreiben zu können. Nachdem sie ihre Zustimmung dazu gegeben hatten, gab ich Ihnen die Möglichkeit, die Interviewfragen zuerst durchzulesen, bevor ich mit dem Interview begann. So konnten die Kolleginnen sich konkret etwas darunter vorstellen und sich teilweise auch schon die Antworten überlegen. Damit wir während des Interviews ungestört waren, wählte ich einen leerstehenden Raum (z.B. Untersuchungszimmer, leeres Krankenzimmer). Die maximale Interviewdauer legte ich auf dreißig Minuten fest.

Resultate

Nachdem ich die vollständigen Interviews mehrmals durchgelesen hatte, bemerkte ich, daß durch die recht offenen Interviewfragen auch dementsprechend viele unterschiedliche Antworten von den Befragten kamen. Um die Interviews auswerten zu können, habe ich deshalb gleiche oder ähnliche Aussagen zusammengefaßt. Zu diesen zusammengehörenden Kernaussagen formulierte ich jeweils einen Überbegriff, welcher den Sinn der Interviewantworten wiederspiegeln soll.

Im folgenden werden aus Gründen der besseren Übersichtlichkeit und Verständlichkeit die Überbegriffe präsentiert:

Zu Frage 1
Zusammengefaßt erleben die Pflegenden auf der Pflegevisite:
- die Möglichkeit, KlientInnen ernst zu nehmen
- bewußt Zeit haben, um zuhören zu können
- eine positive Beziehung zwischen Pflegenden und KlientInnen wird gefördert
- sich sicherer fühlen durch bessere Information
- KlientInnen stellen häufiger und offenere Fragen als vorher

Zu Frage 2
Die Pflegevisite bedeutet für die Pflegenden:
- eine bessere Beziehung und Zusammenarbeit mit den KlientInnen
- das Gefühl, mehr Zeit zu haben
- allgemein viel; etwas, das sie sich nicht mehr wegdenken können

Zu Frage 3
Zu dieser Frage waren folgende Vorteile anhand von anderen Erfahrungsberichten zusammengefaßt und den Befragten vorgegeben worden:
- mehr Zeit für die KlientInnen zu haben
- dadurch, daß die Pflegende die KlientInnen persönlich kennenlernen, erhält sie ein direktes Bild von diesen
- Pflegeprobleme werden mit den KlientInnen besprochen
- Informationen sind sachlich
- Aufwertung der Pflege durch Förderung der Beziehung zwischen KlientInnen und Pflegenden

Ich erwartete von den Befragten eine Stellungnahme, um zu sehen, ob sie diese Vorteile bestätigen oder ob sich allenfals noch andere Aussagen ergeben. Bei der Auswertung fiel mir auf, daß die Befragten in ihren Aussagen die genannten Vorteile aus den vorliegenden Erfahrungsberichten bestätigen.

Zu Frage 4
Die wichtigen Nachteile sind zusammengefaßt:
- es entsteht eine andere Teamdynamik
- nicht mehr über alle KlientInnen informiert sein

- es besteht die Gefahr, daß das Prinzip der Pflegevisite nicht immer konsequent durchgeführt wird
- KlientInnen könnten das Gefühl haben, etwas sagen zu müssen oder daß persönliche Sachen besprochen werden, obwohl sie das vielleicht nicht wollen.

Zusammenfassung und Diskussion

Bei der Auswertung der Interviews fällt auf, daß die Pflegevisite für die Pflegenden von großer Bedeutung geworden ist. Durch Aussagen wie *„ich könnte mir die Pflegevisite nicht mehr wegdenken"* und *„ich erlebe sie als positiv"* wird dies noch bestärkt. Zudem scheint die Pflegevisite auch Änderungen der Pflegeauffassung zur Folge zu haben: Die Pflegenden empfinden sie für sich selber als Unterstützung, aber auch die Beziehung zu den KlientInnen wird anders wahrgenommen und gelebt.

Bei der Frage 1: **„Was erlebst Du auf der Pflegevisite?"** erhalte ich von meinen Kolleginnen einige Antworten, die vor allem die KlientInnen betreffen. Das sind: die Möglichkeit, KlientInnen ernst zu nehmen, daß die KlientInnen mehr und offener Fragen stellen, daß man bewußt Zeit hat, ihnen zuzuhören. Was die Pflegenden angeht, sind dies Aspekte wie: erlebe die Förderung einer positiven Beziehung zwischen Pflegenden und KlientInnen, fühle mich sicherer durch bessere Information, erlebe sie als positiv.

Über die Beziehung zwischen Pflegenden und KlientIn schreibt Kesselring (1994): *„Zum Kennenlernen von Patienten genügen jedoch übliche Rapporte nicht, solange nur Fakten (Laborwerte, wie der/die Patient geschlafen hat, neue Medikamentenverordnung) weitergegeben werden. Damit man andere kennenlernen kann, muß ein* **Kontakt** *stattfinden, der auch Gefühle anspricht. Entweder man begegnet sich, oder es wird eine packende Geschichte erzählt. Den Patienten kennen heißt also, daß seine Krankheitserfahrung sowie seine Reaktionen auf Behandlung und Pflege wahrgenommen werden und daß diese Kenntnisse Pflegeentscheidungen beeinflussen."*

Hierdurch und durch die Aussagen meiner Kolleginnen wird für mich deutlich, daß wir mit der Pflegevisite ein Hilfsmittel haben, mit welchem die Umsetzung eines klientInnenorientierten Pflegeverständnisses konkret unterstützt wird.

Bei der Frage 2: **„Was bedeutet Dir die Pflegevisite?"** wird klar, daß die Pflegevisite für die Pflegenden zu einem wichtigen Bestandteil im Alltag geworden ist und die meisten sich nicht mehr vorstellen können, ohne sie zu arbeiten. Auch bei diesen Aussagen wird der Kontakt zwischen Pflegenden und KlientInnen hervorgehoben. Durch die Förderung dieser Beziehung und Zusammenarbeit mit den KlientInnen entsteht bei den Pflegenden ein Selbstbewußtsein, welches notwendig ist, um die Pflege als eigenständigen Beruf ausüben zu können.

Seidl beschreibt in seinen Ausführungen über *„Mütterlichkeit und Krankenpflege"*, daß zur Umsetzung der KlientInnenorientierten Pflege fachkompetente

121

Pflegende benötigt werden, welche den Kranken gegenüber in deren Persönlichkeit begegnen. Sowohl die Äußerungen meiner Kolleginnen wie auch die Ausführungen von Seidl machen mir klar, welchen Nutzen die Pflegevisite für die Pflegenden im Berufsalltag, aber auch für die Pflegenden als Berufsgruppe hat.

Bei der 3. Frage habe ich meinen Kolleginnen **Vorteile aus bereits bestehenden Erfahrungsberichten vorgelegt.** Ihre Aussagen bestätigen die bereits in den Erfahrungsberichten genannten Vorteile. Alle sind bei den genannten Punkten der Meinung, daß diese auch für sie zutreffen. Auch diese Aussagen enthalten Aspekte, welche eine Verbesserung der Beziehung zwischen den Pflegenden und KlientInnen aufzeigen: Informationen sind sachlicher, Pflegeprobleme werden direkt mit den KlientInnen besprochen, und die KlientInnen profitieren davon, daß die Pflegenden mehr Zeit mit ihnen verbringen.

Für die Pflegenden hingegen bedeutet es mehr Sicherheit, wenn sie die KlientInnen direkt sehen und sich konkret etwas vorstellen können. Mit der Entwicklung der Pflege hin zu einem eigenständigen Beruf wird auch die Aufwertung der Pflege durch Förderung der Beziehung zwischen KlientInnen und Pflegenden geschätzt. Dadurch wird die Pflege transparenter und nachvollziehbarer, was einen Schritt der Pflegenden in die Öffentlichkeit bedeutet.

Frage 4: **„Was empfindest Du als Nachteil der Pflegevisite?"** Bei der Auswertung dieser Interviews fand ich es sehr spannend, nicht nur über die Vorteile, sondern auch über die Nachteile der Pflegevisite mehr zu erfahren. Ich bin der Ansicht, daß vor allem mit dem Aufzeigen der Nachteile für uns die Möglichkeit zur Weiterentwicklung des Verständnisses der Bedeutung und Auswirkung der Pflegevisite besteht. Die Aussage, es entstehe eine andere Teamdynamik, zeigt auf, daß für die Pflegenden die Teamarbeit wichtig ist. Dadurch, daß der große Gruppenrapport am Nachmittag wegfällt, sitzt das Team weniger oft zusammen. Dies bedeutet, daß unter Umständen nach neuen Formen gesucht werden muß, wie eine neue Teamkultur gelebt werden kann. Die meisten der Pflegenden sagen aus, daß sie es als Nachteil empfinden, nicht mehr über alle KlientInnen informiert zu sein. Hier stellt sich für mich die Frage, weshalb das Bedürfnis besteht, über jeden KlientInnen detailliert informiert zu sein. Weitere Nachteile wie „es besteht die Gefahr, die Pflegevisite nicht mehr konsequent durchzuführen" und „daß die KlientInnen das Gefühl haben, etwas sagen zu müssen/oder persönliche Sachen besprochen werden, obschon sie das vielleicht nicht wollen" kann ich aus der Sicht der Pflegenden verstehen. Bei der Auswertung der Interviews wurde für mich aber deutlich, daß die Pflegenden die Pflegevisite als Unterstützung schätzen. Die Aussagen der Kolleginnen zeigen auf, daß die KlientInnen ernst genommen werden und sich nicht gezwungen fühlen sollten, etwas sagen zu müssen.

Folgerungen und Empfehlungen

Aufgrund der Aussagen meiner Kolleginnen in den Interviews erkenne ich, daß die Pflegevisite für die Pflegenden sehr viel bedeutet. Die meisten können sich nicht mehr vorstellen, ohne Pflegevisite zu arbeiten. Ich denke, diese Bedeutung entsteht dadurch, daß sich der Umgang zwischen den Pflegenden und den Klient-Innen verändert. Durch die Pflegevisite entsteht ein Kontakt, welcher sonst im Alltag nicht so bewußt und gezielt stattfinden würde. Die Pflegenden erleben eine positive Beziehung zwischen sich und den KlientInnen. Durch dieses Erleben entsteht aber auch eine andere Pflegeauffassung, welche sowohl die Pflegenden als auch den KlientInnen als Persönlichkeit wahrnimmt, was für mich ein Fortschritt beziehungsweise einen Schritt in Richtung Professionalität ausdrückt. Die Änderung der Pflegeauffassung hat wiederum auch einen anderen Umgang mit den KlientInnen zur Folge; die Pflegenden nehmen dies, wie aus ihren Aussagen deutlich wird, auch wahr. Hier sehe ich auch die Parallelen zur geschichtlichen Entwicklung des Berufes. Durch das neue Bewußtsein der Pflegenden und der sich ändernden Pflegeauffassung kommt einiges in Bewegung. Die Pflegenden möchten nicht mehr ohne Pflegevisite arbeiten, und die KlientInnen fühlen sich ernst genommen. Für mich drückt dies einen Fortschritt in der Entwicklung des Pflegeberufes aus.

Laut den Aussagen meiner Kolleginnen und den vorliegenden Erfahrungsberichten wird klar, daß die Form, in welcher wir die Pflegevisite durchführen, sowohl für die Pflegenden als Einzelpersonen als auch für die Pflegenden als Berufsgruppe die Form ist, welche zur Zeit konkret im Alltag angewendet werden kann und sollte.

Zu den Nachteilen bleibt zu bemerken: Dadurch, daß der große Gruppenrapport, bei dem das ganze Team zusammensitzt, am Nachmittag nicht mehr stattfindet, wurde schon kurze Zeit nach der Einführung der Pflegevisite eine Teamsitzung eingeplant, die mindestens alle zwei Wochen durchgeführt wird. Zweck dieser Teamsitzung ist es, sowohl den Informationsaustausch untereinander als auch Mitteilungen über spitalinterne Sitzungen zu erhalten. Zudem werden bei Problemen die direkt betroffenen Pflegenden angesprochen und aufgefordert, nach Lösungen zu suchen. Sofern dies nicht ausreicht, können wir jederzeit Unterstützung bei Kolleginnen oder Vorgesetzten anfordern.

Bei den Pflegenden findet auch ein Umdenken statt, was die Verantwortung betrifft. Einige äußern in den Interviews, daß sie es als Nachteil empfinden, nicht mehr über alle KlientInnen informiert zu sein. Ich weiß nicht, woher dieses Bedürfnis von den Pflegenden kommt. Es wäre aber interessant zu untersuchen, warum bei den Pflegenden ein solches Verantwortungsgefühl auftaucht; ich empfehle daher weitere Untersuchungen, um hierüber mehr Klarheit zu gewinnen.

Es sieht nun vielleicht so aus, wie wenn ich die Pflegevisite als die einzige Methode für ein KlientInnenorientiertes Pflegeverständnis hinstellen möchte. Dies ist aber nicht meine Absicht. Durch die Auseinandersetzung mit dem Thema wurde mir aber klar, daß die Pflegevisite eine mögliche Methode ist, dieses Ziel zu erreichen. Abschließend möchte ich bemerken, daß ich mir bewußt bin, daß sowohl meine eigene Begeisterung für die Pflegevisite als auch die Beziehung zu den Kolleginnen einen Einfluß auf das Schreiben und Auswerten meiner Abschlußarbeit hatten.

Literaturverzeichnis

Aggleton, P. und H. Chalmers (1989): Pflegemodelle und Pflegeprozeß. In: Beilage Dokumentation Aus- und Fortbildung, Deutsche Krankenpflegezeitschrift 42 5.

Alfarao-LeFevre, R. (1994): Applying Nursing Process. A Step-By-Step Guide. Lippincott, Pennsylvania Pa., USA.

Amelung, E. (1992, Hrsg.): Ethisches Denken in der Medizin. Springer, München

Ashworth, P. D. und M.A. Longmate, P. Morrison (1992): Patient Participation: Its meaning and significance in the context of caring. In: Journal of Advanced Nursing 17, pp 1430 – 1439

Athlin, E. und A. Norberg, K. Asplund, L. Jansson: Probleme des Esseneingebens bei schwer dementen Patienten unter dem Aspekt „Verrichtung" und „Beziehung". In: Pflege 6, Nr. 2, pp 120

Baumann-Hölzle, R. (1990): Human-Gentechnologie und moderne Gesellschaft. Theologischer Verlag, Zürich

Beauchamp, T. L. und J. F. Childress (1983): Priniciples of Biomedical Ethics. Second Edition, Oxford University Press, Oxford

Benner, P. (1984): From Novice to Expert. Excellence and Power in Clinical Nursing Practice. Addison Wesley, Menlo Park CA,. Dt. Übersetzung bei Huber, Bern, 1994

Biley, F. C. (1992): Some determinants that effect patient participation in decision- making about nursing care. Journal of Advanced Nursing, , 17, pp 414

Bischoff, C. (1987): Die Entwicklung der Krankenpflege als Frauenberuf. Von der „weiblichen Liebestätigkeit" zur ganzheitlichen Pflege – Ist das ein Fortschritt? In: Soziale Medizin 4 pp 4

Bode, K. (1994): Was empfinden Patienten/PatientInnen auf der Pflegevisite? Unveröffentlichte Abschlußarbeit in der Höheren Fachausbildung in Krankenpflege Stufe 1, Baden 1992 – 1994, Kurs 02, Suhr (publ. Pend.)

Botschafter, P. und M. Moers(1991): Pflegemodelle in der Praxis. 8. Folge: Dorothea E. Orem. In: Die Schwester/Der Pfleger 30 8., pp 701 (704)

Brearley, S. (1990): Patient participation: The Literature. Royal College of Nursing Sciences, Scutari Press, Middlesex, GB

Brink, P.J. (1992): Autonomy versus do no harm. In: Western Journal of Nursing Research 14 3., pp 265

Bundeskanzlei (1993, Hrsg.): Bundesverfassung der Schweizerischen Eidgenossenschaft. Bern

Curtin, L. und M. J. Flaherty (1982): Nursing Ethics. Theory and Pragmatics. Prentice-Hall International, Bowie, Maryland (USA)

Dätwyler, B.und U. Lädrach (1987): Professionalisierung der Krankenpflege – Zur Entwicklung der Berufskrankenpflege in der Schweiz. Recom, Basel

Davis, A. (1986, 1): Das ethische Dilemma in der Krankenpflege 1. – Ein Grundstock von ethischen Erkenntnissen. In: Krankenpflege Soins Infimier Nr. 9, pp 38

Davis, A. (1986, 2): Das ethische Dilemma in der Krankenpflege 2. – Ein Grundstock von ethischen Erkenntnissen. In: Krankenpflege Soins Infirmier Nr. 10, pp 81

Dennis, K.E. (1990): Patients Control And The Information Imperative: Clarification and Confirmation. In: Nursing Research 39 3. pp 162

Der Bundesminister für Arbeit und Sozialordnung (1985, Hrsg.): Von der krankheitsorientierten zu patientenorientierten Krankenpflege. Forschungsbericht. Bonn.

Deutscher Berufsverband für Pflegeberufe (DBfK, Hrsg.): Berufsordnung für Krankenschwestern und Krankenpfleger. DBfK, Eschborn 1992

Discharged Patients left with questions. Ohne Autorenangabe. In: American Journal of Nursing, Vol. 92, Nr. 10, October 1992, pp 16

Donabedian, A. (1982): Criteria and Standards of Quality. Vol. 2, Michigan (USA)

Donahue, MP (1985): Nursing – The finest Art. Mosby, St. Louis.

Duden: Das Herkunftswörterbuch. Etymologie der deutschen Sprache. 2. Auflage, Dudenverlag, Zürich 1989

Eigel, W. (1984): Entwicklung und Menschenrechte. Hrsg. Schweiz. Nationalkommission Iustitia et Pax.. Imba, CH-Freiburg

Eisner, Beat (interviewt von Peter H. Hufschmid): Patienten sollen entscheiden können. In: Tagesanzeiger vom Dienstag, 14. September 1994, p 65

Ermacora, F. (1982, Hrsg.): Internationale Dokumente zum Menschenrechtsschutz. Dritte Auflage. Reclam, Stuttgart

Flarey, D.L. (1991): Advanced Directives: In Search of self Determination. In: Journal of Nursing Administration 21 (11), pp 16

Fry, S.T. (1994): Ethics in Nursing Practice. ICN, Genf

Furger, F. (1975): Begründung des Sittlichen – Ethische Strömungen der Gegenwart. Imba Verlag, CH – Freiburg

Gage, M. (1994): The Patient-Driven Interdisciplinary Care Plan. In: Journal of Nursing Administration 24 4. pp 26

Gates, B. (1995): Whose best interest? In: Nursing Times Jan. 25, 91 4., pp 31

Gaylord, N. und P. Grace (1995): Nursing Advocacy: An Ethic of Practice. In: Nursing Ethics 2 1., pp 12

Gilligan, Carol (1984): Die andere Stimme. München, Piper.

Greipp, M.E. (1992): Greipps model of ethical decision making. In: Journal of Advanced Nursing 17, pp 734

Grundstein-Amado, R. (1993): Ethical decision making processes used by health care providers. In: Journal of Advanced Nursing 18, pp 1701

Hamers, J.P.H. et al (1994): Diagnostic Process and Decision Making in Nursing: A Literature Review. In: Journal of Professional Nursing 10 3., pp 154

Heering K. (1994): Pflegevisite: Ein geeignetes Instrument zum gezielten Einbezug der PatientInnen in den Pflegeprozeß? Unveröffentlichte Abschlußarbeit in der Höheren Fachausbildung in Krankenpflege Stufe 1, Kaderschule für die Krankenpflege Aarau.

Heering, C. (1993): Die Pflegediagnose im Aarauer Modell. Zu den Paradigmawechseln in der Gesundheits- und Krankenpflege. Schule für Gesundheits- und Krankenpflege Aarau, Juli

Heering, C. (1996): Pflegediagnosen und ihre Bedeutung für die Professionalisierung. In: Kinderkrankenschwester (15) Nr. 1, pp 56

Heering, C. und K. Heering (1994): Theorie und Praxis der Pflegevisite. Teil 1: Pflegeverständnis. In: Die Schwester/Der Pfleger 33 5., pp 372

Heering, C. und K. Heering (1995): Theorie und Praxis der Pflegevisite. Teil 2: Erfahrungsbericht. In: Die Schwester/Der Pflege 34 4.

Henderson, P. und D. Southern (1990): Making Care Plans. In: Nursing Times Jan. 24., 86 4., pp 33

Hergenhahn, G. (1994): Pflegevisite. In: Pflege aktuell 10, pp 607

Hoch, M (1992): Dienstübergabe am Krankenbett. Erfahrungsbericht. In: Deutsche Krankenpflegezeitschrift 45, Nr. 6, pp 419

Höffe, O. (1986, Hrsg.): Lexikon der Ethik. Beck, München

Holenstein, H. (1994): Was ist/Was will Pflegeforschung. In: Journal 1/1994, Schweizerisches Rotes Kreuz, Bern, p 9

Holenstein, H. et al. (1996): Sich sorgen für andere. Kaderschule für die Krankenpflege (Hrsg.), Aarau

Huch, M. (1993): Nursing Theory-Based Practice and the Patient-Self-Determination Act. In: Nursing Science Quarterly 6 4., pp 168

Illi, C. (1994) Auseinandersetzung mit Informationen bei Spitaleintritt. Abschlußarbeit in der Höheren Fachausbildung Stufe 1 an der Kaderschule für die Krankenpflege Aarau, verkürzter Kurs 4

Jeannot, E. (1988): Sind unterschiedliche Pflegeverständnisse ein Verursacher der ständigen Spannungen und Konflikte unter dem Pflegepersonal? In: Krankenpflege Nr. 1, pp 15

Jensen, K.P. et al (1993/1995): Der „Caring-Moment" und das „Grüne-Daumen-Phänomen" bei Pflegenden in Schweden. In: Pflege 8 2., pp 163. Deutsche Übersetzung von C. Colombo

Jewell, S.E. (1994): Patient Participation: What does it mean to nurses? In: Journal of Advanced Nursing 19, pp 433

Juchli, L. (1983): Krankenpflege – Ein Berufsbild im Wandel. In: Sonderdruck aus Deutsche Krankenpflegezeitschrift 5. Kohlhammer Verlag, Stuttgart

Kantonsspital Aarau, Pflegedienst: Betriebsnorm „Pflegeprozess". April 1993

Kantonsspital Aarau, Pflegedienst: Konzept und Leitbild für den Pflegedienst. April 1992

Käppeli, S. (1988): Moralisches Handeln und berufliche Unabhängigkeit in der Krankenpflege. In: Pflege 1, Nr. 1, pp 20

Kelly, M. und D. May (1982): Good and bad patients: A review of the literature and a theoretical critique. In: Journal of Advanced Nursing 7, pp 147

Kesselring, A. (1995): Skripte und Unterrichtsnotizen „Ethik", Kaderschule für die Krankenpflege Aarau

Kohlberg, Lawrence (1995): Die Psychologie der Moralentwicklung. Suhrkamp, Frankfurt

Kruse, Torsten und Harald Wagner (1994) (Hrsg.): Ethik und Berufsverständnis der Pflegeberufe. Springer-Verlag Berlin

Kurrath-Lies, G. (1991): Die Sicht vom Menschen bestimmt die Krankenpflege. In: Die Schwester/Der Pfleger 30 (12), pp 1084

Leino-Kilpi, H. und K. Kurittu (1995): Patients Rights in Hospital. An Empirical Investigation in Finland. In: Nursing Ethics 2 2., pp 103

Luther, E. (1993): Fürsorge gegen Selbstbestimmtheit. In: Deutsche Krankenpflegezeitschrift 46, Nr. 5, pp 313

MacLoedClark, J. und S. Latter (1990): Working together. In: Nursing Times 28. Nov., Vol 86, No. 48, pp 28

Mallik, M. (1995): Support for advocacy. In: Nursing Times Jan. 25, 91, 4., pp 28

Manthey, M. (1992): The Practice of Primary Nursing. The King's Fund Centre, London.

Mayeroff, M. (1990): On Caring. Harper Perennial, London.

Mayring, P. (1993): Qualitative Inhaltsanalyse. 4. Auflage, Deutscher Studienverlag, Weinheim

Messner, R.L. (1993): What patients really want from their Nurses. In: American Journal of Nursing, 8.

Millette, B.E. (1993): Client Advocacy and the Moral Orientation of the Nurse. In: Western Journal of Nursing Research 15 5., pp 607

Möller, Ute und Ulrike Hesselbarth (1994): Die geschichtliche Entwicklung der Krankenpflege -Hintergründe, Analysen, Perspektiven. Brigitte Kunz Verlag, Hagen.

Morse, J.M., (1991): Negotiating commitment and involvement in the nurse-patient relationship. In: Journal of Advanced Nursing 16, pp 455

Müller, Barbara (1995): Die Bedeutung der Pflegevisite für die Pflegenden als Einzelpersonen sowie auch als Berufsgruppe im Alltag. Abschlußarbeit in der Höheren Fachausbildung in Krankenpflege Stufe 1, Kurs 3, Kantonsspital Baden

Münch G. und J. Reitz (1994, Hrsg.): Lehrbuch für Krankenpflege. Ein prinzip- und praxisorientiertes Arbeitsbuch. Walter de Gruyter, Berlin

Norberg, A. (1995): Referate, Gespräche und persönliche Notizen. 2. Internationale Konferenz über Pflegediagnosen, Interventionen und Ergebnisse, Brüssel, Mai

Orem, D.E.: Strukturkonzepte der Pflegepraxis. Ullstein Mosby, Berlin/Wiesbaden 1996

Patienten fassen sich kurz. In: Tagesanzeiger vom Dienstag, 5. Juli 1994

Pieper, A. (1992, Hrsg.): Geschichte der neueren Ethik, Band 1. Franke, Tübingen

Pieper, A. (1992, Hrsg.): Geschichte der neueren Ethik, Band 2. Franke, Tübingen

Poletti, R. (1982): Ganzheitliche (Holistische) Auffassung des Menschen und der Krankenpflege. In: Die Forschung in der Krankenpflege, Hefte des Sandoz-Institutes, Nr. 5, pp 12

Rich, S. (1995): Meeting the challenges. In: Nursing Times Ja. 25, 91 4., pp 35

Ricka, R. et al. (1994): Beurteilung der Selbstpflegefähigkeiten durch Patienten und Krankenschwestern im Akutspital. Kaderschule für die Krankenpflege, Aarau.

Rogers, C. (1972): Die nicht-direktive Beratung. Kindler, München.

Rogers. C. (1981): Die klientenzentrierte Gesprächspsychotherapie. Kindler, München.

Roper, N. et al (1987) Die Elemente der Krankenpflege. Recom, Basel, p 141

Roper, N. et al (1993): Die Elemente der Krankenpflege. 4 Auflage, Recom, Basel, pp 114

Salomon, F. (1993): Grenzen der Medizin – Herausforderung und Bedrohung. In: Deutsche Krankenpflegezeitschrift 46 5. pp 333

Samson, E. (1994): Der Kacker muß weg. Begleitung einer Krebskranken, die ihr Recht auf eigenes Leid durchsetzte. In: Pflegezeitschrift 47 6., pp 350

Schilder, E. (1988) Patienten anbinden? Eine Untersuchung über Anwendung von Fixationsmitteln in der Pflege. In: Pflege 1, Nr. 2, pp 112

Schipperges, H (1990): Die Kranken im Mitelalter. Beck, München

Schweizer Berufsverband für Krankenschwestern und Krankenpfleger (1990 A, Hrsg.): Ethische Grundsätze für die Pflege.SBK, Bern

Schweizer Berufsverband für Krankenschwestern und Krankenpfleger (1990 B, Hrsg.): Qualitätsnormen für die Ausübung der Gesundheits- und Krankenpflege (Pflegestandards). SBK, Bern

Schweizer Berufsverband für Krankenschwestern und Krankenpfleger (1994, Hrsg.): Qualitätsnormen für die Pflege und Begleitung von alten Menschen. SBK, Bern

Schweizerische Akademie der Medizinischen Wissenschaften (1984, Hrsg.): Medizinisch-ethische Richtlinien der Schweizerischen Akademie der medizinischen Wissenschaften. Schwabe & Co AG, Basel

Schweizerisches Rotes Kreuz (1992): Bestimmungen für die Diplomausbildungen in Gesundheits- und Krankenpflege an den vom Schweizerischen Roten Kreuz anerkannten Schulen. Schweizerisches Rotes Kreuz, Bern

Seedhouse, D. (1988): Ethics – The Heart of Health Care. John Wiley, London

Seidl, E. (1990): Pflege im Wandel. Verlag Wilhelm Maudrich, Wien

Seidler, E. (1966): Berufskunde I: Geschichte der Pflege des kranken Menschen. 5. Auflage. Stuttgart

Settelen, C. (1993): Der Patient weiß oft, was ihm gut tut. In: Krankenpflege/Soins Infirmiers 6, pp 16

Singer, P. (1984): Praktische Ethik. Reclam, Stuttgart

Spichiger, E. (1992): Was spielt sich bei Pflegenden rund um den Wunsch sterbender Patienten, Pflegehandlungen zugunsten ihres Wohlbefindens wegzulassen, ab? Abschlußarbeit in der Höheren Fachausbildung Stufe 2 an der Kaderschule für die Krankenpflege Aarau, Kurs 2

Sporken, P. (1977): Die Sorge um den kranken Menschen. Patmos, Düsseldorf

Staatskanzlei Aarau (1919, Hrsg.): Gesetz über das öffentliche Gesundheitswesen des Kantons Aargau vom 28. November 1919. Staatsarchiv Aarau

Staatskanzlei Aarau (1988, Hrsg.): Gesundheitsgesetz vom 10. November 1987 (Gesundheitsgesetz, Ges.ges.)

Staatskanzlei Aarau (1990, Hrsg.): Dekret über die Rechte und Pflichte der Krankenhauspatienten (Patientendekret, PD) vom 21. August 1990

Staatskanzlei Aarau (1992, Hrsg.): Verfassung des Kantons Aargau. Aarau

Steffen-Bürgi, Barbara und Mitarbeiter des ZEFFP (1995), Pflegediagnostik. Universitätsspital, Zürich

Störig, H.J. (1961) Kleine Weltgeschichte der Philosophie. Kohlhammer, München.

Swanson, K. (1991): Empirical development of a middle range theory of caring. In: Nursing Research 40 3., pp 161

Taival, A. und Raatikainen, R. (1993): Finnish Nursing Homes: Client Well-Being & Staff Development. In: Journal of Gerontological Nursing Febr. pp 19

Tschudin, Verena: Ethik in der Krankenpflege. Recom, Basel 1988

Waterworth, Susan und Karen A. Luker (1990): Reluctant collaborators: Do patients want to be involved in decisions concerning care? In: Journal of Advanced Nursing 15, pp 971 – 976

Weß, Ludger: Referat am 2. Internationalen Symposium „Pflegewissenschaft" in Osnabrück v. 17. – 18. November 1994

Weyermann, Urs; Salm, Regula (1989): Pflege zwischen heute uind morgen. Die Zukunft der Pflegeberufe als Herausforderung und Chance. Verlag Hans Huber, Bern

Widmer, M. (1988): Streß, Streßbewältigung und Arbeitszufriedenheit beim Krankenpflegepersonal. In: Schriftenreihe des Schweizerischen Instituts für Gesundheits- und Krankenhauswesen Aarau (SKI)

Wolff, HP/Wolff, J (1994): Geschichte der Krankenpflege. Recom, Basel.

Interviewleitfaden

Einstieg

Begrüßung.

Ich erläutere nochmals den Zweck des Interviews und die Rückzugsmöglichkeiten.

Ich erkläre, daß ich um möglichst freies Erzählen bitte und zwischendrin nur Verständnis- oder weiterführende Fragen stelle.

Ich erbitte das Einverständnis für das Einschalten des Tonbandgerätes.
Einschalten des Tonbandgerätes und letzte Funktionskontrolle.

Leitfragen

Bitte erzählen Sie mir – wie war das für Sie mit der Selbstbestimmung während Ihres Spitalaufenthaltes.

Bitte erzählen Sie mir ein Beispiel dafür, wie Sie aktiv Einfluß auf Entscheidungen über Ihre Pflege genommen haben.

Bitte erzählen Sie mir – wie war das für Sie mit der Information über Pflege während Ihres Spitalaufenthaltes.

Bitte erzählen Sie mir ein Beispiel dafür, welche Informationen für Ihre Pflege von Bedeutung waren.

Abschluß

Ausschalten des Tonbandgerätes.

Nachgespräch je nach Situation und Befindlichkeit.

Sachwortverzeichnis

Sachwortverzeichnis